조선에서 보낸 하루

조선에서 보낸 하루

김향금 지음

라임

한양에나 한번 갔다 올까?

이 책은 한마디로 청소년들과 함께 떠나는 조선 여행기이다.

한 줄 설명을 보태자면 '어느 화창한 봄날, 한양에 가서 하루를 보낸다면?'이라는 가정 아래, 이곳저곳을 어슬렁거린 한양 산책기라고 할 수 있다.

여행이란, 우리가 매일 접하는 일상으로부터 벗어나 낯선 곳으로 떠나는 일이다. 거기에 220여 년 전으로 돌아가는 '역사'라는 요소를 덧붙인다고 해서 특별히 달라질 건 없다.

다만 우리가 여행하는 방법이 조금 남다를 수는 있겠다. 이를테면 난생 처음 로마로 여행을 떠났다고 치자. 대부분은 빽빽하게 짠 일정표에 따라 로마의 온갖 유적지와 박물관, 유명 맛집을 바쁘게 돌아다닐 것이다. 내심 돈 아깝지 않은 알찬 여행을 했다고 뿌듯해하면서.

하지만 그런 식의 숨 가쁜 여행에 심드렁한 사람들도 있다. 유명 관광지보다는 사람들의 일상생활에 눈길을 주는 여행자들! 이들은 마치 동네 산책 나온 사람처럼 가벼운 마음으로 이 골목 저 골목을 기웃거릴 것이다. "사람 사는 곳이 다 거기서 거기지, 뭐." 하는 담담한 심정으로.

굳이 따지자면 우리 여행은 후자 쪽에 가깝다. 우리는 한양의 번화한 거리뿐만 아니라 미로같이 꼬불꼬불한 골목을 걸어 다닐 것이다. 여러 곳을 바삐 돌아다니면서도, 간간이 짬을 내 동네 카페에서 차를 마시는 기분으로 거리를 오가는 사람들을 구경할 것이다. 때로는 사람들에게 바짝 다가가겠지만, 때로는 멀찌감치 떨어져서 그들을 관찰하는 것으로 만족할 것이다. 어차피 우리는 당일치기 여행객일 뿐이니까.

여행기이기는 해도 이 책은 어엿한 역사책이다. 굳이 분류해 보자면, 조선의 생활사나 풍속사에 관한 책에 속할 것이다. 하고많은 역사책 중에서 왜 하필 생활사냐고? 크고 작은 건물, 거리 풍경, 다양한 사람들 등 220년 전 한양의 소소한 일상을 만나 본 경험이, 조선의 역사를 큰 그림으로 바라볼 때 든든한 밑바탕이 되었으면 하는 바람에서이다.

흔히 조선 시대는 '전통의 완성기'라고 불린다. 그중에서도 18세기는 현재 우리 삶의 틀을 형성한 '우리의 어제'나 마찬가지다. 가끔 우리가 스스로에게 던지는 "아니, 우리는 왜 지금 이렇게 살고 있지?" 하는 물음에 대한 답을 찾으려면 조선 후기 생활사에서 출발하는 게 빠를 때가 종종 있다. 생각해 보면 그리 오랜 시간이 지난 것도 아니니까.

여기에 하나 덧붙이자면, 조선 시대는 현재 우리의 가장 큰 고민거리인 서울 집중 현상과 교육 문제가 본격적으로 시작된 시기이기도 하다. 물론 문제의 해결책을 과거 역사에서 곧바로 찾을 수는 없겠지만, 과거와 현재를 비교하는 것만으로도 많은 깨달음을 얻을 수 있다. 또 과거 속에서 현재 우리의 모습을 찾아보는 것은 '숨은그림찾기'처럼 흥미진진한 게임이기도 하다. 우리는 한양의 낯선 풍경 속에서 낯익은 광경을 발견

할 수 있을 것이다.

그러니 부담을 가질 필요는 없다. 앞에서도 얘기했지만, 우리는 그저 조선의 대표적인 도시 한양을, 사람과 돈이 몰리고 새로운 문화가 활짝 꽃핀 소위 '핫 플레이스(Hot Place)'를 어슬렁거리며 구경만 할 거니까.

여러분은 그저 발이 편한 운동화를 신고 간단하게 꾸린 배낭을 메고 떠나는 하루 여행을 상상하면 된다. 세계적인 베스트셀러 작가 무라카미 하루키가《하루키의 여행법》이라는 책에서 말한 대로 우리는 '그다지 특별한 일이 아닌' 가벼운 마음으로 역사 여행을 떠날 것이다. "잠깐 어디 좀 갔다 올게." 하는 상쾌한 기분으로 말이다.

우리가 방문하는 때는 바야흐로 '조선의 르네상스'를 맞은 1793년(정조 17년)의 봄날쯤이다. '~쯤'이라고 매듭지은 건, 우리의 여행이 역사적 사실을 바탕으로 하면서도 연도를 못 박음으로써 생기는 수많은 성가신 일은 살짝 피하고 싶기 때문이다.

우리는 이제 220여 년 전으로 돌아가, 한양의 골목골목을 누비며 여러 신분과 직업을 가진 조선 사람들을 만나면서 그들의 일상생활을 흥미진진하게 탐험할 것이다. 우리의 하루 여정은 한 경화세족(한양에서 대대로 벼슬을 하며 지내는 양반 가문)의 사랑채에서 시작하겠지만, 본격적인 한양 탐험 이전에 잠시 들러야 할 곳이 있다.

지금 우리가 향하는 곳은 병사들이 한양 도성을 지키고 있는 인왕산 초소이다.

숙정문

백악산 (북악산)

북촌

성균관

창의문 (자하문)

혜화문

인왕산

창덕궁

낙산

창경궁

경복궁

사직단

백탑 (원각사지십층석탑)

경희궁

종루

배오개 시장

운종가

흥인문 (동대문)

돈의문 (서대문)

청 계 천

육조거리

You are here!

소의문

광희문

숭례문 (남대문)

칠패 시장

남촌

목멱산 (남산)

마포 나루

때 : 인시(3시~5시)

장소 : 인왕산 기슭 → 남촌

종루의 종소리에
사대문이 활짝

1

우리에겐 정적에 잠긴 한양이 낯설다. 21세기의 서울은 24시간 내내 소음에 시달린다. 통금이 없는 거리를 자유롭게 활보하는 사람들이 떠드는 소리, 도로 위를 질주하는 자동차 소리가 끊이지 않는다. 하지만 꼭두새벽 한양의 거리에는 도둑과 화재를 경계하며 돌아다니는 순라군의 발자국 소리만 간혹 들린다. 순라군의 발자국 소리에 놀라 잠을 깬 개들이 컹컹 짖는 소리가 이따금 들려온다. 밤에도 시간을 알리는 북소리와 징소리가 규칙적으로 들린다. 한양 사람들은 인정과 파루 사이의 밤 시간에 오히려 시각을 정확하게 알 수 있는 셈이다.

반가워요, 한양!

우리는 인왕산 중턱에 와 있다.

새벽 달빛이 유난히 밝다. 달빛 아래 구불구불한 한양 도성이 희끄무레하게 제 모습을 드러낸다. 우리는 새벽 공기를 깊이 들이마신다. 우리가 한양에 와서 '처음으로' 한 일이다.

조선 시대의 공기는 어떨까? 꽤나 궁금했는데 막상 마셔 보니 약간 차갑고 싸하면서도 달콤하다. 공기 중에 송진 냄새랑 흙 냄새, 풀 냄새가 희미하게 섞여 있는 것 같다. 어린 시절 시골집 마당에서 마셔 본 공기랑 비슷하다고나 할까?

우리는 새벽 공기를 게걸스럽게 들이마신다. 그래야만 한양과 금세 친해질 테니까!

푸르스름한 어둠 속에서 고개를 들어 위쪽을 보니 거대한 화강암 바위산이 우뚝하다. 이 구간에는 일부러 성벽을 쌓지 않고 바위산을 성돌로 삼아 이어 나간 모양이다.

아아, 우리의 발밑 아래로 성을 지키는 병사들이 보인다.

'반가워요, 한양 사람!'

우리는 새벽의 고요함을 깨지 않으려 조심하면서 나직하게 읊조린다. 어쨌든 우리가 처음으로 만난 한양 사람이니까.

"아함~."

병사 하나가 졸음에 겨워 긴 하품을 한다. 밤새 보초를 선 피로감이 병사의 어깨를 무겁게 짓누르는 것 같다.

병사들이 보초를 서는 곳은 곡장(曲墻)이다. 곡장은 '둥글게 휘어진 담장'을 뜻하는 말인데, 성벽 바깥으로 툭 튀어나오게 만든 구조물을 가리키기도 한다. 곡장에서는 적이 쳐들어오는지 감시하거나 적을 공격할 때 시야 확보에 유리하다. 인왕산 곡장에 서면 무악재, 안산을 넘어 한강 일대에 접근하는 외적까지 감시할 수 있다. 백악산(지금의 북악산) 쪽에도 이런 용도의 곡장이 하나 더 있다.

우리는 주위를 천천히 둘러본다. 우리가 서 있는 인왕산 맞은편으로 목멱산(지금의 남산)의 실루엣이 뚜렷하게 보인다. 우리에겐 N 서울 타워가 없는 남산이 무척이나 낯설다. 목멱산 오른쪽으로 나지막한 잠두 봉우리, 그 뒤로 관악산이 어렴풋이 보인다.

고개를 왼쪽으로 돌리니, 저 멀리로 야트막한 낙산이 거뭇하다. 겨우 125미터밖에 안 되는 낮은 산이다. 우리는 낙산 공원이 있는 자리를 대충 눈어림해 본다. 고개를 왼쪽으로 더 돌리니, 모란꽃 봉오리 같은 백악산이 눈앞에 솟아 있다.

한반도의 조종산인 백두산으로부터 내려온 지맥이 한양의 진산인 북한산으로 이어지고, 다시 주산인 백악산으로 연결된다. 주산인 백악산을 등지고 좌청룡 격인 낙산, 우백호 격인 인왕산, 안산인 목멱산이 있다. 이 네 산이 바로 한양을 둘러싼 '내사산'이다.

겸재 정선이 그린 〈목멱산도〉. 누에의 머리를 닮았다고 '잠두'라는 이름이 붙은 오른쪽 봉우리가 남산의 특징을 잘 보여 준다. 인왕산 기슭에서 남산을 바라보면 이런 모습으로 다가왔을 것이다.

이 내사산의 능선을 연결하여 쌓은 성이 한양 도성이다. 그리고 내사산 바깥으로 북쪽에 북한산, 서쪽에 덕양산, 남쪽에 관악산, 동쪽에 용마산이 한양을 감싸고 있다. 이 네 산을 '외사산'이라고 부른다. 내사산, 그리고 외사산을 비롯한 높은 산봉우리들이 한양 도성을 꽃잎처럼 여러 겹으로 둘러싸고 있는 모양새다. 내사산이 '붙임성 좋은 친구' 같다면 외사산은 '말수가 적고 점잖은 친구' 같다.

내사산이 감싸고 있는 새벽녘의 한양 도성은 무척이나 포근해 보인다. 우리 눈에 익숙하되 어딘가 낯선 풍경이다. 고층 건물에 방해받지 않고 시야가 탁 트여서일까, 한양의 분지 지형이 도드라져 보인다.

한양 도성은 아직 어둠 속에 깊이 잠겨 있다. 어둠과 대비해서 새벽하늘에 달과 별이 밝게 빛난다. 우리는 이런 어둠에 전혀 익숙지 않다.

21세기 서울의 밤은 대낮같이 밝다. 대로변을 밝히는 주황색 가로등, 밤새 꺼지지 않는 고층 건물의 조명, 번화가의 번쩍거리는 네온사인, 아파트 단지의 환한 불빛으로 인해 영원히 잠들지 않는 도시다. 서울의 밤하늘은 휘황찬란한 인공조명으로 수놓아져 달빛과 별빛이 초라해지다 못해 아예 찾기가 힘들 지경인데…….

우리는 별빛과 달빛이 흐르는 어둠 속에서 경복궁과 육조 거리, 동궐(창덕궁과 창경궁을 함께 이르는 말), 종묘와 사직, 도성을 가로질러 흐르는 개천(오늘날의 청계천)의 위치를 더듬더듬 파악한다. 아무리 달이 밝다고 해도 비늘처럼 차례차례 늘어선 기와집들은 좀처럼 형체를 분간하기 힘들다. 사대문과 사소문 부근에만 횃불이 환하게 켜져 있다.

"뎅~, 뎅~."

매일 밤 종루에서 초경 3점(밤 10시경)에 인정(통행금지를 위해 종을 치는 일)을 알리는 종소리가 스물여덟 번 울려 퍼지면, 사대문과 사소문이 일제히 굳게 닫히고 큼지막하고 녹슨 돌쩌귀가 달린 대문에 빗장이 걸린다.

일단 여덟 개의 문이 닫히면 한양은 바깥과 차단된 세계가 된다. 한양 도성은 전쟁 시에는 외적으로부터 궁궐과 종묘사직을 보호하는 기능을 하지만, 평화 시에는 치안을 유지하는 역할을 한다.

우리에겐 정적에 잠긴 한양도 낯설다. 21세기의 서울은 24시간 내내 소음에 시달린다. 통금이 없는 거리를 자유롭게 활보하는 사람들이 떠드는 소리, 도로 위를 질주하는 자동차 소리가 끊이지 않는다.

하지만 꼭두새벽 한양의 거리에는 도둑과 화재를 경계하며 돌아다니는 순라군의 발자국 소리만 간혹 들린다. 순라군의 발자국 소리에 놀라 잠을 깬 개들이 컹컹 짖는 소리가 이따금 들려온다.

밤에도 시간을 알리는 북소리와 징소리가 규칙적으로 들린다. 가령, 5경 3점이면 북을 다섯 번 치고 징을 세 번 치되 각기 다섯 번씩 되풀이한다. 한양 도성 안에 사는 사람들은 인정과 파루(새벽 4시에 통행금지 해제를 알리는 서른세 번의 종소리) 사이의 밤 시간에 오히려 시각을 정확하게 알 수 있는 셈이다.

낮에는 한양 사람들도 하늘에 뜬 해의 위치를 보고 대충 시각을 짐작하고 만다. 정오를 알릴 때 치는 북인 오고(午鼓)가 '둥둥' 울리긴 하지만, 어차피 궁궐에 있는 임금과 관리들을 위한 북소리일 뿐이다.

이때, 산 아래쪽으로부터 날렵한 발자국 소리가 들린다.

'웬일이지?'

'무슨 일이라도 난 걸까?'

우리가 의아해하는 사이, 서너 명의 병사들이 떼지어 곡장에 모습을

彰義門
謙齋

한양 도성 서북쪽에 있는 창의문(자하문으로 알려져 있다.)을 묘사한 그림.
인왕산을 타고 올라가야 하는 가파른 산길임을 잘 보여 준다.

드러낸다. 야간조 병사와 교대하기 위해서 온 아침조 병사들이다.

곧 피곤에 찐 야간조 병사들이 반달음질로 우당탕탕 소리를 내며 산길을 내려간다. 아침조 중 앳된 얼굴을 한 병사가 샘물을 뜨러 갈 모양이다. 우리는 그림자처럼 따라나선다.

그새 날이 밝아 산길을 걷기가 훨씬 수월하다. 비뚤비뚤한 돌길을 지나, 깎아지른 듯 가파른 벼랑을 밧줄을 붙잡고 내려가서야 샘터에 다다른다. 병사의 몸놀림이 날쌔다. 우리는 허둥지둥 병사를 쫓느라 숨이 가쁘다.

바위 밑 작은 틈새에서 샘물이 퐁퐁 솟아난다. 병사는 샘물을 뜨기 전에 항아리 안을 두어 번 물로 부신다. 그 틈을 타서, 우리는 두 손바닥을 오므려 얼른 샘물을 떠서 맛을 본다.

'아, 달고 시원하다!'

인왕산에는 샘물이 솟아나는 골짜기가 꽤 많다. 문득 고개를 들어 하늘을 보니 날이 점점 밝아 온다.

종루의 종소리에 사대문이 활짝

닭이 홰치는 소리가 연신 들린다. 도성 안에서도 닭을 키우는 집이 많은 모양이다. 사대문과 사소문 앞에 사람들이 웅성웅성 모여 있다. 역시 도성의 정문이라 할 수 있는 숭례문 앞이 가장 붐빈다.

숭례문은 도성의 남쪽에 있다고 해서 남대문이라고도 부르는데, 여덟 성문 가운데 가장 규모가 크고 웅장하다. 도성의 얼굴인지라 중국 사신과 같은 귀한 손님은 반드시 숭례문으로 드나든다.

태종의 맏아들 양녕대군이 쓴 것으로 알려진 숭례문 현판은 다른 도성 문의 현판과는 달리 가로가 아니라 세로로 쓰여 있다. 이런 독특함 때문에 한양 구경을 한 사람이라면 자랑거리 일순위로 숭례문의 현판을 봤다는 사실을 손꼽는다.

성문 앞에 모인 사람들을 살펴보니 다소 지친 표정들이다. 성문이 열리기를 오래 기다렸나 보다. 사람들의 행색을 보아하니, 패랭이 쓴 장사치들이 반 이상이다. 개중에는 생선 광주리를 머리에 인 행색이 초라한 여인네도 섞여 있다. 품삯을 벌기 위해 나선 날품팔이꾼, 한양의 관청에서 일하는 노비들이나 양반집에 일을 하러 가는 노비들도 꽤 있다.

괴나리봇짐을 등에 진 젊은 유학(벼슬하지 않은 유생)은 이번 과거 시험에 응시하려나 보다. 연신 입으로 무언가를 중얼중얼 외고 있다. 이 유학은 과연 급제자 명단에 오를 수 있을까?

말을 탄 채, 하인에게 고삐를 맡긴 선비는 부채로 얼굴을 반쯤 가리고 멀찌감치 떨어져 있다. 나이 지긋해 보이는 이 시골 선비는 한양의 세도가에게 뒤늦게 벼슬자리라도 알아보러 온 것일까?

성문 앞에는 사람들뿐 아니라 바짝 들이댄 수레들로 뒤엉켜 있다. 수레를 끄는 이들이 조금이라도 빨리 도성 안으로 들어가고자

하인의 시중을 받으며 길을 나선 양반. 두 사람의 시선이 같은 쪽을 향해 있는 것으로 보아 무언가 관심을 끄는 광경이 펼쳐진 모양이다.

서두른 탓이다.

수레 안을 가만히 들여다보니 쌀·콩·기장·수수를 잔뜩 실은 곡식 수레, 무명·명주·능라비단 같은 옷감을 가지런히 쌓은 수레, 유자·살구와 같은 과일이 쌓여 있는 수레, 숭어·조기 같은 생선을 실은 수레, 술·간장·옷가지 같은 생활용품을 담은 수레 등 각양각색이다.

어이쿠, 가엾어라! 한쪽 구석에 등이 휘어져라 장작이며 솔가지를 잔뜩 진 황소들이 꼼짝 못 하고 꼬리만 좌우로 흔들어 대며 가만히 서 있다. 장작은 한양 사람들이 온돌을 데우는 데 쓰는 땔감이고, 솔가지는 불이 잘 붙어서 불쏘시개로 쓴다.

성문 앞에는 지게꾼들도 여럿 있다. 바구니를 가로로 일곱 개씩 묶어 만든 다발을 예닐곱 개나 짊어진 늙은이는 허리를 구부정하게 꺾은 채, 성문이 열리기만을 초조하게 기다리고 있다. 염전에서 만든 소금덩이 수십 개를 지게에 짊어진 젊은 사내는 여전히 꼿꼿하다. 한때는 저 늙은이도 젊은이 못지않게 힘깨나 쓰는 장정이었을 텐데, 흐르는 세월은 예나 지금이나 막을 수 없나 보다.

이렇게 성문 앞에 짐을 실은 지게며 수레가 뒤엉켜 있는 풍경은 매일 아침 반복된다. 왜 이렇게 많은 무리들이 도성 안으로 들어갈까?

한양은 자급자족이 불가능한 도시이다. 한양 도성 안에서는 원칙적으로 경작이 금지되어 있기 때문이다. 그래서 한양 사람들이 날마다 필요로 하는 먹을거리며 생활용품을 도성 밖에서 들여와야 한다. 한양은 수십만 명의 인구가 모여 사는 대도시이자, 돈과 권력을 쥔 지배층이 사는 조선 최대의 소비 도시인 셈이다.

앗, 드디어 파루를 알리는 종소리가 서른세 번 "뎅~, 뎅~." 하고 울려 퍼진다. 사람과 말이 많이 오가는 길에 종루가 있어서 그런지 종의 꼭지에는 늘 흙먼지가 내려앉아 있다.

종루에서 종을 치면 한양 도성 안에서는 제법 잘 들린다. 하지만 성 밖에 있거나, 성 안이라 할지라도 종루에서 멀리 떨어진 곳에서는 종소리를 놓치기 쉽다. 병사들이 종소리를 듣지 못해 성문 여닫는 시각을 놓쳐 벌을 받을 때도 있다. 다행스럽게도 오늘은 종소리를 놓친 병사가 없나 보다.

성문이 일제히 활짝 열리자, 성문 안으로 사람들과 소, 말, 나귀, 수레들이 밀물처럼 쏟아져 들어간다.

한양의 하루가 시작된 것이다!

한양 사람들은 종루에서 울리는 파루와 인정에 따라 하루를 시작하고 끝맺는다. 종루의 종소리가 한양 사람들의 시간 질서를 잡아 주는 셈이다. 인정과 파루가 울릴 때 외에 성문을 여닫는 일은 없으니까.

어, 그런데 어쩐 일이지? 파루가 다 울려 퍼지고 난 뒤에도 숙정문은 그대로 닫혀 있다. 숙정문이 종루에서 멀리 떨어져 있다 보니 성문을 지키는 병사가 깜빡 실수를 한 것일까?

아니다. 숙정문은 늘 닫혀 있는 문이다. 숙정문은 백악산의 동쪽 마루턱에 자리한 한양 도성의 북문이다. 아무래도 사람이 활발하게 지나다닐 위치는 아니다. 태종 임금 때 풍수지리적인 이유를 들어서 맨 처음 숙정문을 닫아걸었다. 숙정문을 열어 놓으면 음기가 번성하여 도성의 부녀자들이 놀아난다나. 그래서 줄곧 문을 닫아 둔다는 소문이 있다.

숙정문은 가뭄이 심해 기우제를 지낼 때만 열렸다. 기우제를 지낼 때면 양기 많은 숭례문을 닫고 숙정문을 활짝 열어 놓는다.

暗門
峯
門東
동문
門城大
대성문
峯嶇枸
구준봉
岩休鳥
조휴암
응봉
肅靖門
숙정문
峯鷹
門淸肅
大窰都監基
화기도감기
三淸洞門
삼청동문
大街
北屯
彰義門
광지문
東小門

한양 도성의 북쪽 성벽 부분. 백악산의 험한 산세 아래 보이는 붉은색의 동그란 문이 도성 사대문 중 하나인 숙정문이다. 앞서 17쪽에
등장한 창의문과 비교해 보면 문루가 없다는 점이 뚜렷하게 드러난다. 이 지도 안의 다른 문과 비교해 봐도 다르다는 사실을 한눈에
알 수 있다. 지도상에서도 이런 구분을 했다는 사실이 놀랍다.

숙정문에는 다른 점이 또 하나 있다. 다른 성문과 달리 문루(성문 위에 지은 다락집)가 없다. 지금은 숙정문에도 문루가 있는데, 이는 1975년에 복원 공사를 하면서 새롭게 세운 것이다.

파루를 알리는 종소리가 울려 퍼질 동안, 한 경화세족의 사랑채는 아침을 맞이할 준비로 바쁘다.

새벽잠을 설친 대감마님

파루 종소리가 채 끝나기도 전에, 사랑채의 등잔불이 환하게 켜졌다. 사랑채는 남자들이 머무는 곳인 동시에 손님을 맞이하는 곳이다. 큰 사랑방과 작은 사랑방, 아래 사랑방이 있고, 사랑 대청과 누마루(다락처럼 높게 만든 마루)가 있다. 사랑채 뒤편으로 따로 세운 작은 건물이 보인다. 이 집안의 자랑인 서고이다. 차양이 설치된 서고에는 대대로 내려오는 수천 권의 책이 칸칸이 쌓여 있다.

큰 사랑방에서 생활하는 대감마님은 요즘 들어 부쩍 새벽잠을 설치곤 한다.

"나이 탓인가? 오늘도 오경(새벽 3시~5시)이 되지 않아서 잠이 깼네."

대감마님은 가볍게 한숨을 내쉰다.

"대감마님, 세숫물 대령했습니다."

그새 대감마님이 일어난 기척을 알아차렸나 보다. 문밖에서 종 일삼이가 아뢴다.

대감마님은 몸이 찌뿌듯해서 이부자리에서 얼른 일어나지 못한다. 그 틈을 타 우리는 큰 사랑방을 스캔하듯 재빨리 훑어본다.

창덕궁 안에 있는 서고인 '선향재'. 책을 보관하는 서고의 경우, 햇빛을 막고 바람이 잘 통할 수 있도록 지붕 앞에 차양을 설치했다.

큰 사랑방은 작은 사랑방에 비해 널찍하다. 가구며 방 치장도 훨씬 화려하다. 아버지와 아들의 방에 차이를 둔 것이다. 물론 나중에 아들이 아버지의 큰 사랑을 물려받게 될 터이다. 아래 사랑방에는 학당에 다니는 작은아들이 묵고 있다. 작은 사랑방 아래쪽에 있는데 자못 아담하다.

문갑 위에 놓인 서양 자명종은 뜻밖의 물건이다. 자명종은 1631년 정두원이 중국 명나라에 가서 처음으로 가져온 시계인데, 미리 정해 놓은 시각에 맞춰 소리를 내어 시각을 알려 준다. 큰 사랑방에 있는 자명종은 정두원의 자명종을 본떠 민간 기술자가 만든 복제품이다. 복제품이라고 해도 웬만한 집 한 채 값이 나가는 고가품이다.

그런데 어쩌다 이 비싼 자명종이 큰 사랑방에 놓이게 된 것일까? 그 사정을 알려면 집안 내력을 살짝 살펴보아야 한다. 이 집안은 고조할아버지(할아버지의 할아버지) 이래 판서와 대제학을 지낸 명문가이다. 당파로는 '소론'의 핵심 세력이다.

소론은 영·정조 임금이 주도하는 탕평책에 적극적으로 협조하면서 노론, 남인과도 원만한 관계를 유지해 왔다. 그런 이유로 두 임금이 나라를 다스리는 내내 높은 벼슬자리를 누리며 가문이 나날이 번성 중이다.

게다가 이 집안은 중국 청나라의 선진 문물을 적극적으로 받아들여 조선 사회를 바꿀 것을 주장하는 '북학'의 영향을 듬뿍 받았다. 청나라의 수도 베이징을 통해 서양에서 전래한 천문학과 수학에 일찍부터 눈을 뜨고 이를 가학(家學, 집안 대대로 전하는 학문)으로 발전시키기까지 했다. 북학파의 수장 격인 연암 박지원과도 대를 이어 교유를 나누고 있을 정도이다.

이처럼 자명종은 한양에서 잘나가는 경화세족이면서 서양의 문물에 일찍이 눈뜬, 개방적인 집안의 분위기를 단적으로 드러낸다.

내친 김에 큰 사랑방 구경을 계속해 보자. 'ㄱ'자로 꺾어진 문갑의 다른 편에는 붉은빛이 도는 자단나무로 만든 벼룻집과 필통 같은 문방구가 있다. 문방사우(종이, 붓, 벼루, 먹) 옆으로 반짝반짝 잘 닦인 골동품 서너 점이 놓여 있다. 중국에서 건너온 옛날 기와와 벼루, 향로 들이다.

벽에는 중국에서 사 온 서화(글씨와 그림을 함께 이르는 말)가 질 좋은 비단 족자에 걸려 있다. 조선의 서화로는 겸재 정선의 그림과 석봉 한호의 글씨가 걸려 있다. 중국 것은 모두 돌아가신 대감마님의 아버지가 중국에 연행사(청나라에 가는 사신)로 갔을 때 베이징의 유리창 거리에서 직접 사 온 물건들이다.

요즘 한양의 내로라하는 경화세족 사이에서는 이런 골동품과 서화를

담뱃대와 담배 보관함 조선 후기 들어, 담배는 남녀노소 가리지 않고 유행했다. 풍속화에서도 담배를 피우는 장면이 곧잘 등장하곤 한다.

책가도 병풍 책과 문방사우가 그려져 있는 '책가도' 병풍. 양반의 사랑방을 꾸미던 대표적인 장식품 중 하나인데, 나중에는 양반가뿐 아니라 서민들 사이에서도 유행했다. 책이 귀하던 시절, 미처 책을 소장하지 못한 양반들은 이런 병풍을 보며 아쉬움을 달래지 않았을까?

자명종 청나라를 통해 들어온 자명종

안경과 안경집 안경을 접어서 안경집에 보관하기도 했는데, 여유 있는 양반들은 귀한 가죽으로 안경집을 만들어 장신구처럼 멋을 내기도 했다.

모으고 감상하는 고급 취미가 대유행이다. 천만금을 주는 한이 있더라도 귀한 물건을 구하려고 안달복달이다. 정조 임금은 이런 유행을 중국 것을 좋아하는 풍조라며 몹시 못마땅해했지만 아무리 임금이라 해도 경화세족들의 유행을 꺾을 수는 없었다.

서안(낮은 책상) 위에는 안경과 안경집이 놓여 있고 그 옆에는 긴 담뱃대가 놓여 있다. 여러 해 전부터, 대감마님은 눈이 침침해서 안경 없이는 작은 글씨를 볼 수 없게 되었다. 둥근 안경테는 대모(바다거북) 껍데기로 만든 최고급품이다.

안경집에는 은은하게 사군자를 수놓았는데, 허리춤에 안경집을 장신구 삼아 달고 다닌다. 사치스러움을 즐기는 한양 멋쟁이들은 상어 껍질로 만든 안경집을 매달고 다니기도 한다나 뭐라나.

우리가 큰 사랑방을 구경하는 사이, 간신히 자리에서 일어난 대감마님은 식전 댓바람부터 담배를 찾는다. 대감마님은 일삼이가 담배통에 불을 붙이자 물부리를 입에 물고 세게 빠끔거린다.

"콜록, 콜록."

밭은기침이 나오고 독한 담배 연기에 눈물이 찔끔 난다. 대감마님은 요새 담배에 푹 빠져 있다. 담배가 건강에 해로운 걸 알면서도 끊지를 못한다. 대감마님이 물고 있는 담뱃대는 담배통과 물부리 사이의 설죽이 아주 긴 장죽이다. 담뱃대 길이로 신분을 나타내는 세상이니까.

대감마님은 이부자리에서 그대로 자릿조반으로 나온 죽상을 받는다. 흰죽으로 기운을 차리고 출근을 서두를 것이다.

두근두근, 첫 출근 준비로 바쁜 규장각 대교

같은 시각, 사랑마루 건너편 작은 사랑방에서도 기척이 난다. 작은 사랑방 주인도 잠을 설쳤다. 잠을 설친 이유는 대감마님과 다르다. 밤새 마음이 설레어서 제대로 잠을 이루지 못했다.

오늘은 작은 사랑방 주인이 규장각에 첫 출근하는 날이다. 재작년 문과에 당당히 급제하고 여러 부서를 돌다가 올봄에야 바라고 바라던 규장각 대교로 임명된 것이다.

정조 임금은 1776년 규장각을 설치하고 국왕의 정책을 보좌할 인재를 육성했다. 규장각은 왕실 도서관이자 학술 및 정책을 연구하는 기관이다. 그중에서도 규장각 대교는 역대 왕들의 친필 문헌, 서화, 왕실 도서를 관리하는 실무 담당 부책임자로, 규장각의 핵심 관리 중 하나다. 게다가 규장각 각신으로 불리는 조선 후기 청요직으로, 행세깨나 한다는 문벌가의 자제들이 밟는 출세 코스이기도 하다.

작은 사랑방 주인, 규장각 대교는 이불을 확 젖히고 단번에 일어난다.

"손돌아."

그는 아랫방에서 자는 시동을 나직이 부른다. 손돌이는 큰 사랑에서 시중드는 일삼이의 아들이다. 일삼의 아내, 분진은 안채에서 안방마님의 몸시중을 든다. 일삼이네 가족은 대대로 이 집안에 살면서 시중을 드는 사노비이다.

규장각 대교는 제등을 든 손돌이를 앞세워 행랑채 헛간 옆에 있는 측간으로 향한다. 그리고는 구덩이에 올린 두 개의 판자 위에 조심스레 두 발을 내딛는다. 하지만 쭈그려 앉은 채 아랫배에 힘을 주어 끙끙, 용을 써 봐도 영 신호가 오질 않는다.

'낯선 궁궐에서 측간을 어떻게 찾을 것이며, 민망하게 측간 간다는 핑계로 어찌 자리를 비울 수 있겠는가?'

어떻게든 집에서 해결을 하리라 마음을 다잡고 한참을 끙끙거린 끝에 시원하게 용변을 본다. 그리고 볏짚 몇 가닥을 뭉쳐 뒤를 쓱쓱 닦는다. 측간 문을 나서니, 눈치 빠른 손돌이가 따뜻한 물을 놋대야에 받아 놓고 기다리는 중이다. 한양에서 나고 자란 젊은 대교는 깔끔한 성격인지라 용변 후에 하는 뒷물을 결코 빠뜨리지 않는다.

규장각 대교는 툇마루에서 세수를 한 뒤, 작은 사랑방으로 들어가 출근 준비를 서두른다. 일단 거울 앞에서 머리부터 빗는다. 밤새 헝클어진 머리를 빗으로 정성껏 빗은 다음 머리털을 끌어 올려 정수리 위에 틀어 감아 뾰족하게 상투를 튼다.

상투가 풀어지지 않도록 상투의 꼭대기 부분에 옥동곳을 꽂고, 머리카락이 흘러내리지 않도록 이마가 훤히 비치는 망건을 두른 뒤, 양쪽에서 당줄을 단단히 쥔다. 망건은 오늘날의 헤어밴드 같은 것이다. 당줄을 꿰어 거는 관자 역시 관품에 맞게 옥관자를 한다.

때마침 손돌이가 조반(이른밥) 상을 들여왔는데, 잣죽에 무김치, 젓갈을 찬으로 낸 간단한 상이다. 궐내 각사(궁궐 안에 있는 관청)에서는 일찍 출근하는 관리들에게 아침을 제공하기에 소박한 죽상을 차린 것이다.

젊은 대교는 곧 상을 물리고 나서 의관을 정돈한다. 평상복으로 입는 바지와 저고리 위에 아내가 정성껏 지은 관복을 입는다. 그는 열네 살에 세 살 연상의 아내를 맞이하여, 슬하에 1남 1녀를 두었다. 아내는 바느질 솜씨가 좋기로 소문이 자자하다.

관복으로 단령을 입고 허리에는 각대를 차고 머리에 사모를 쓰니 어엿

좌의정을 지낸 이성원의 초상화. 쌍학이 수놓인 가슴의 흉배를 보면 문관이자 당상관임을 알 수 있다.

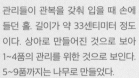

관리들이 관복을 갖춰 입을 때 손에 들던 홀. 길이가 약 33센티미터 정도이다. 상아로 만들어진 것으로 보아 1~4품의 관리를 위한 것으로 보인다. 5~9품까지는 나무로 만들었다.

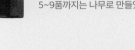

관리들이 쓰던 모자인 사모

조선 후기에 관리들이 입던 관복. 호랑이가 수놓인 것으로 미루어 무관이 입던 옷이라는 사실을 알 수 있다.

19세기에 만들어진 쌍호 흉배

관료들이 신던 가죽 신발, 목화

한 규장각 각신답다. 관복은 관리들의 유니폼에 해당한다. 조선 시대에는 신분에 따라 옷의 소재와 색깔, 문양이 다양할뿐더러 자잘한 장신구의 재질까지 달라진다.

단령은 깃이 둥글고 소매가 아주 넓은 옷이다. 단령의 가슴과 등은 문관이자 당하관의 품계를 나타내는 단학 흉배로 장식되어 있다. 문관은 학, 무관은 호랑이 문양인데, 당상관은 쌍학과 쌍호랑이, 당하관은 단학과 단호랑이 문양을 수놓는다.

규장각 대교가 출근 준비를 마치고 작은 사랑방을 나서니 댓돌 위에 목이 긴 목화가 가지런히 놓여 있다. 손돌이가 냉큼 달려와서 목화를 신는 도중에 중심을 잃지 않도록 겨드랑이를 붙잡아 준다. 젊은 대교는 아래 사랑방 쪽을 흘끔 쳐다보다가 양미간을 찌푸린다.

"아직도 일어나지 않았더냐?"

그는 늦잠꾸러기 동생이 일어났는지 묻고 있다. 터울이 많이 나는 동생인지라 때로는 아비같이 엄하게 대한다.

"예."

손돌은 자신의 잘못인 양 안절부절못한다.

"쯧쯧, 장차 무엇이 되려고 저러누?"

대교는 못마땅한 기색이 역력하지만 날이 날인 만큼 오늘은 그냥 넘어가기로 한다.

이미 집안 종들이 차고와 마구간에서 대감마님이 탈 초헌과 규장각 대교가 탈 말을 꺼내는 중이다. 대문 밖에는 관청에서 나온 구종들이 두 사람을 계속해서 기다리고 있다. 구종은 관에 속한 노비로서, 벼슬아치들의 출근을 돕기 위해 벼슬아치의 집으로 파견된다.

대감마님을 태운 초헌이 먼저 대문을 빠져나가고, 규장각 대교가 탄 말이 뒤를 잇는다. 이 집은 대문의 바닥 부분을 잘라 내어 외바퀴 수레가 잘 굴러갈 수 있도록 하고, 초헌의 높직한 키에 맞추어 대문의 지붕을 솟을대문으로 바꾸었다.

"물렀거라!"

초헌이 골목을 빠져나가자 구종이 벽제(지위가 높은 사람이 지나갈 때 일반인의 통행을 금하는 일) 소리를 크게 내지른다. 길 가던 백성들이 황급히 허리를 구부리며 길가로 몸을 피한다.

아침부터 부루퉁한 학당 유생

새벽빛이 창호지 문을 통해 아래 사랑방의 공기를 부드럽게 일깨우건만, 이 방 주인은 깊은 잠에서 여태껏 깨어나지 못하고 있다. 여느 때 같으면 작은 사랑방에서 불호령이 떨어졌겠지만 오늘은 무사히 지나갔다.

이 방 주인은 그 사실을 아는지 모르는지 콜콜 가늘게 코까지 골며 잠에 푹 빠져 있다. 동갑내기 몸종 세원이 몸을 가볍게 흔든 뒤에야 가까스로 잠에서 깨어난다.

아래 사랑방의 주인은 오늘날 중학교에 해당하는 한양의 사부 학당에 다니는 유생으로, 얼마 전에 열다섯 번째 생일을 맞이했다. 요즘으로 치면 온 세상이 그들을 두려워해서 벌벌 떤다는 '중2'가 된 것이다.

작년부터 키가 훌쩍 커서 작은 사랑방 주인의 키를 넘볼 정도가 되었다. 어깨가 떡 벌어지기 시작하고 코밑에도 수염이 제법 나긴 했지만, 뽀얀 얼굴에 솜털이 보송보송한 게 아직은 애송이 티가 난다.

"에이, 늦잠이나 실컷 자 봤으면……."

새벽잠이 없는 대감마님과 정반대다. 원래 젊을수록 아침잠이 많고, 대신 밤늦도록 눈이 초롱초롱 빛나는 법이다. 유생은 말똥말똥 천장을 쳐다보다가 이불을 확 잡아당겨 얼굴을 덮어 버린다.

"제가 벼락을 맞습니다요. 얼른 일어나서 학당에 가셔야지요."

옆에서 세원이 애가 닳아서 자꾸 일어나라고 재촉한다. 유생은 억지로 이부자리에서 몸을 일으킨다.

"너 같은 노비 신세가 차라리 낫겠다. 하루 온종일 책이나 줄줄 외우고 있어야 하니!"

유생은 입이 댓 발이나 나왔다. 속으로 '세원이처럼 큰 도끼를 들고 장작이나 실컷 팼으면 신나겠다.' 하며 툴툴댄다. 생각해 보니 오늘은 학당에서 《소학》을 외는 시험을 보는 날이다. 시험에 대한 스트레스 때문인지 갑자기 머리가 지끈지끈 아프다.

사실 유생은 영특하고 경전을 외는 재주가 뛰어난 편이다. 그런데도 공부는 게을리 한다. 2대에 걸쳐서 번성하고 있는 집안에서 작은 평지풍파를 일으키는 장본인이다.

"네 형은 네 나이 때 한시를 지었다."

"네 형은 네 나이 때 《논어》를 줄줄 외웠다."

"입신양명(출세하여 이름을 세상에 떨치는 것)해서 집안을 빛내야 한다."

코흘리개 때부터 이런 말을 귀에 못이 박히도록 들어 왔다. 집안에서는 벌써 소과 준비를 서두르는 눈치다. 소과에 합격하거나, 《소학》을 달달 외워 성균관에 특례 입학하기를 잔뜩 기대하고 있는 것이다.

하지만……, 봄날이다. 봄날이란 말이다! 바깥은 화창한 봄날이고 유생의 인생도 어언 파릇한 봄을 맞이하고 있다. 그래서 유생은 몸 여기저기가 근질근질하다. 하루 종일 서안 앞에서 책만 보고 있으려니 온몸이 쑤신다.

벗들과 야외에 나가 실컷 떠들고, 마음껏 달리고, 거리낌 없이 뛰놀고 싶다. 인왕산 필운대에 올라가 진달래꽃 구경도 하고 싶고, 도성 길도 맘대로 쏘다니고 싶다. 길가에서 우연히 본 어여쁜 소저의 얼굴이 자꾸만 떠오른다. 정말이지, 어두컴컴한 학당에서 《소학》이나 외우며 인생의 봄날을 낭비하고 싶지 않은 것이다.

그러나 어찌하겠는가? 학당에 갈 시각은 다가오고……. 더더욱 부루퉁해진 유생은 얼굴을 빡빡 문지르며 세수를 한다.

조선을 이끈 정신세계, 성리학

: 조선의 건국 이념

성리학의 전파

조선을 건국한 주도 세력인 신진 사대부들은 성리학을 기반으로 유교 정치의 이상을 실현하고자 노력했다. 그러므로 성리학이 조선의 중심 사상으로 자리 잡은 건 매우 당연한 일이었다.

신진 사대부들은 성리학의 전파를 위해 도읍인 한양에는 성균관과 사부 학당을, 각 지방에는 향교를 세워 교육에 힘썼다. 교육 기관에서 공부하는 학생들은 군역이 면제되는 등 파격적인 혜택을 누렸다.

문인이자 학자였던 퇴계 이황을 추모하여 세운 도산서원. 그림 중앙의 건물이 도산서원이다. 조선 후기 문인이었던 강세황이 실제 답사를 통해 그렸다고 전해진다.

심지어 관리를 등용하는 과거 시험에서도 유학 경전인 사서(《논어》, 《맹자》, 《중용》, 《대학》)와 오경(《시경》, 《서경》, 《주역》, 《예기》, 《춘추》)을 기본으로 삼아, 유학에 정통한 관리를 양성하고자 애썼다.

서원의 등장

16세기 중엽 조선 시대 최초의 서원인 백운동 서원이 세워진 이후, 유교 교육은 지방 서원이 담당하게 된다. 유생들은 서원을 중심으로 학문을 닦고 연구하였으며, 이를 바탕으로 결속을 다지고 세력을 키워 나갔다. 나라에서도 이에 발맞춰 사액 서원을 지정하고, 세금 면제와 토지, 노비를 지급하는 등 각종 편의를 지원해 주었다.

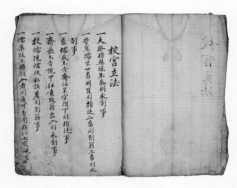

조선 시대 향교의 유생들이 지켜야 할 규칙과 처벌을 기록한 책. 큰 제례에 이유 없이 빠지면 영구 제명할 것, 숙직에 세 번 이상 빠지면 영구 제명할 것 등 15개 조항이 적혀 있다. 향교 벽면에 걸어 놓았다고 한다.

이후, 서원을 중심으로 형성된 사림(유생들이 정치화한 세력을 말한다.)이 중앙 정치계에 진출하면서, 붕당이 형성되고 정권을 잡으려는 다툼이 일어나기도 했다. 영·정조 시절 탕평책이 시행된 이유도 서원을 기반으로 한 붕당 정치가 심화되었기 때문이다. 사림이 중앙에 진출하면서 서원의 수가 전국적으로 크게 늘어났으며, 이에 힘입어 학문이 발전하고 지방의 향촌 문화도 상당히 발달하였다.

임금과 신하, 양반과 노비로 이루어진 통치 체제가 조선의 몸통이었다면, 이를 조종하는 머리가 바로 성리학이었던 셈이다.

숙정문

백악산 (북악산)

북촌

성균관

창의문 (자하문)

혜화문

인왕산

창덕궁

창경궁

낙산

경복궁

사직단

백탑 (원각사지십층석탑)

경희궁

육조 거리

종루

배오개 시장

흥인문 (동대문)

운종가

돈의문 (서대문)

청계천

You are here!

소의문

광희문

숭례문 (남대문)

칠패 시장

남촌

목멱산 (남산)

마포 나루

때 : 묘시(5시~7시)
장소 : 남촌, 경화세족의 집

천하 대식가,
조선 사람의 아침 밥상

오늘 아침은 7첩 반상이다. 밥, 국, 찌개, 장을 기본으로 하고 반찬 7가지를 더 놓은 상차림이다. 아, 맛이 정말 궁금하다! 외람되지만, 우리는 여주인 몰래 슬쩍 맛을 본다. 북어무침은 맵지 않다. 대구전은 기름을 많이 두르지 않고 지져서 담백하다. 두릅나물과 오이무침은 슴슴하다. 전반적으로 간이 약하고 은은하면서 담백한 맛이다. 강한 맛을 내는 인스턴트 음식이나 조미료, 맵고 달고 짠 입맛에 길든 우리한테는 좀 심심하게 느껴진다. 그렇지만 나쁘진 않다. 맛을 볼수록 혀 깊숙한 곳에서 끌어당기는 묘한 맛이 있다.

편안한 기운이 감도는 안채 풍경

안방마님은 봄날 새벽의 냉기에 몸이 으슬으슬 떨려 오자 밤새 사그라진 화롯불을 뒤져 불씨를 살린다. 방문 밖에서 분진이 아침 문안을 여쭙자, 따뜻한 물을 가져오라고 이른다. 늙수그레한 분진은 안방마님이 친정에서부터 데리고 있던 몸종이다. 안방마님은 분진이 건넨 따뜻한 물을 한 대접 마시자 한결 추위가 가신다.

바깥양반들이 출근하자 안채에 편안한 기운이 감돈다. 바깥양반을 출근시키는 일은 아침마다 치러야 하는 큰일이다. 여인들이 한숨 돌리는 동안, 우리는 조심스럽게 안채를 구경하기로 한다.

안채는 여성들의 생활 공간이다. ㅁ자형 기와집인데, 안방에는 이 집안의 여주인인 안방마님이 머물고, 대청을 가운데 두고 건넌방과 그 아랫방에서 며느리와 손자 손녀, 그리고 딸이 생활한다.

안채의 대청마루는 꽤 넓다. 그래서 대청마루에서 관혼상제 같은 집안의 주요 행사를 치른다. 대청마루에는 곡식을 담는 뒤주를 비롯한 살림살이가 놓여 있고, 뒤주 위에는 백자 항아리가 쌓여 있다.

대청마루 끝에 살짝 걸터앉아 본다. 봄이 되자 겨우내 닫혀 있던 분합

문(대청 앞쪽에 다는 문)을 들어 올려 걸쇠로 고정해 놓았다. 대청마루 뒤쪽의 바라지창(벽 위쪽에 낸 작은 창문)을 열면 맞바람이 불어서 천연 에어컨 구실을 할 것이다.

앗, 저기 안채 담장 위에 사뿐히 올라서 있는 게 뭐지? 어머나, 학이잖아? 그러고 보니, 안채 담장 옆에 학 우리가 있다. 안마당에 우아한 자태를 뽐내는 학이 두 마리 더 있다. 집 안에서 학을 키우다니! 하긴 요즘 아파트에서는 뱀을 키우는 사람도 있다고 하니 그리 놀랄 만한 일도 아니다.

개 두 마리가 집 안을 자유롭게 돌아다닌다. 배가 불룩한 누렁이는 꼬리를 동그랗게 말고 다닌다. 비쩍 마른 검정개의 길고 가느다란 꼬리 끝에는 부스스한 털이 갈라진 채 붙어 있다.

장독대 앞에서 암탉이 병아리들을 거느리고 구구댄다. 어린 여종 무금이가 암탉이 새벽에 낳은 달걀을 여기저기서 거두어들이는 중이다. 갓 낳은 달걀을 손에 쥐어 보니 아직 따뜻하다. 신선한 달걀은 대감마님의 저녁 밥상에 오를 것이다.

안방 아래로 부엌과 작은 방이 있다. 부엌 밖에 우물이 있고, 절구와 방아를 찧는 공간과 장독대가 있다. 마침 목이 말랐던 참이라 두레박줄을 늘어뜨려 물을 길어 본다. 우물물은 이가 시리도록 차다. 차고 맛있어서 두레박을 들고 고개가 꺾이도록 꿀꺽꿀꺽 마신다. 장난기가 발동한 나머지, 장독대에 올라가서 장독 뚜껑을 일일이 열어 본다. 간장, 된장, 고추장이 그득그득 담겨 있다.

곳간으로 쓰는 건물은 따로 있다. 쌀을 비롯한 곡식, 소금, 포 같은 물건을 보관한다. 곳간에는 큼지막한 자물쇠가 채워져 있다. 안채의 ㅁ자형 안마당은 빈 공간이다. 안마당에는 나무나 화초를 심지 않는다. 뒷마당에는 여성 전용 측간이 있다.

안채의 후원에는 작은 정자가 세워져 있고 복사나무, 포도나무 같은 과실나무와 모란, 작약 같은 꽃이 심겨 있다. 바깥출입을 못 하는 부녀자들이 자연을 벗하며 마음 놓고 쉴 수 있는 공간이다.

갑자기 짓궂은 호기심이 생긴다. 바깥양반들은 사랑채와 안채 사이를 어떻게 왕래할까? 공식적(?)으로는 사랑 마당에서 중문을 통해 안채로 다니게 되어 있다. 하지만 매번 중문을 통해 안채로 들어가는 일은 꽤나 번거롭기 때문에 대개 안방과 사랑채를 잇는 통로를 따로 둔다. 이 집에도 비밀스러운 통로가 있다.

조선 전기에는 안채와 사랑채가 붙어 있었다. 그런데 후기로 가면서 안채와 사랑채가 분리되고 내외 담이 설치되자 중문을 낸 뒤 슬그머니 비밀 통로를 만든 것이다.

오늘날의 부부는 한 방에서 같이 잔다. 그런데 왜 조선의 부부는 안채와 사랑채를 따로 두며 '별거'를 하는 걸까? 그 이유는 조선 후기에 굳건하게 뿌리 내린 남성 위주의 가부장제 때문이다. 혼인한 부부 사이에 '부부유별'을 유독 강조한다. 여성과 남성, 집안일과 바깥일을 확실히 구별함으로써 여성을 집 안에만 묶어 둔 채 남성에 종속시키려는 것이다. 그래서 조선 시대의 부부는 안채와 사랑채에서 별거 아닌 별거를 하면서 떨어져 지낸다. 필요한 경우에는 남성이 안채로 들락거린다.

혼인 전에도 '남녀칠세부동석'이라고 해서 일곱 살이 되면 남녀를 엄격하게 구별하여 한자리에 같이 앉지 않는다. 당연히 음식도 함께 먹지 않는다. 여자아이는 열 살이 되면 집 밖에 내보내지 않는다. 평생 '규방'에 갇혀 지내는 것이다. 사내아이는 안채에서 어머니나 할머니와 함께

양반가를 묘사한 〈평생도〉의 한 부분. 말과 당나귀를 기르는 마굿간과 관리가 타는 교통수단의 한 종류인 초헌을 보관하는 차고 뒤로
사랑방이 보인다. 사랑방 안에서 서책과 문방사우를 찾아볼 수 있다. 사랑채 뒤편이 안채이다.

지내다가, 열 살이 되면 사랑채로 보낸다. 아래 사랑방의 유생도 열 살이 되는 해에 사랑채로 건너갔다.

물론 이런 원칙과 실제 현실은 조금씩 다르긴 하다. 삶이 원칙대로만 이루어지는 것은 아니니까.

은근히 유행을 따르는 양반가 여인의 몸치장

건넌방에서는 며느리 한씨가 한창 몸치장 중이다. 한씨는 녹두가루를 개어 얼굴에 바른 뒤, 미지근한 물로 씻어 낸다. 그러고 나서 미안수를 얼굴에 토닥토닥 바른다. 미안수는 창포 잎을 끓인 물인데 피부에 수분을 주는 스킨인 셈이다.

양반가 며느리는 피부를 가꿀 뿐 화장은 거의 하지 않는다. 하얗게 분 화장을 하고 눈썹을 그리는 것은 기생들이나 하는 짓이다. 평소에 백옥같이 희고 투명하게 피부를 가꾸기 위해 꿀로 팩을 하거나 오이 꼭지를 문지르거나 천연 미안수를 얼굴에 바른다.

이제 머리를 손질할 차례다. 머리는 한 달에 한 번 꼴로 감는다. 머리를 자주 감지 않는 대신, 아침마다 촘촘한 참빗으로 정성스럽게 빗어 먼지와 비듬을 털어 낸다.

다음은 얹은머리를 할 차례. 긴 머리를 땋아 얹은머리를 한다. 한씨는 유병에 든 동백기름을 손바닥에 덜어 내어 머리카락에 차분차분 바른다. 동백기름은 반들반들 윤기가 흐르는 머리카락의 비결이다.

한씨는 머리 손질을 마치고 옷을 차려입는다. 요즘 한양에서는 '하후상박' 스타일, 즉 아래는 풍성한 치마를 입고 위는 짧고 꽉 끼는 저고리

조선 시대 여인의 모습. 옷맵시와 머리 모양 등 조선 시대의 유행을 살펴볼 수 있다.

를 입는 게 대유행이다. 거기에 구름 같은 가체(자신의 머리 외에 다른 머리를 얹거나 덧붙이는 것)를 더하면 세련된 한양 여인의 실루엣이 나온다.

한씨는 속옷부터 챙긴다. 속옷을 잘 챙겨야 옷맵시가 나는 법. 맨살에 다리속곳을 입고 속속곳, 단속곳, 속바지를 겹겹이 껴입는다. 치마를 항아리처럼 봉긋하게 부풀리기 위해 빳빳한 비단으로 만든 3단 무지기 치마도 입는다.

그 위에 회청색 치마를 걸친다. 그리고 지나치게 짧아진 저고리로 인해 상체의 맨살이 노출되는 걸 막고 가슴을 꽉 조이는 용도로 허리띠를 조여 맨다.

이제 위에 저고리를 입는다. 흰색 저고리에 깃, 고름, 소매끝, 겨드랑이 부분만 자줏빛 회장을 두른 삼회장 저고리다. 요새 한양의 멋쟁이들 사이에서는 소매를 꽉 끼게 한 저고리가 유행이다. 소매가 너무 좁아 입고 벗기에 불편하고 팔꿈치를 구부리면

솔기가 터질 지경인데도 말이다.

한씨가 자줏빛 고름을 단 흰색 삼회장저고리에 봉긋한 회청색 치마를 맞춰 입으니 위아래로 썩 잘 어울린다.

양반가 며느리는 너무 힘들어!

"에미야."

안방마님이 며느리 한씨를 부른다. 며느리 한씨에게는 부모님이 지어준 '진아'라는 번듯한 이름이 있다. 하지만 시집 온 뒤로는 자신의 이름으로 불린 적이 없다. 갓 시집왔을 때는 "며늘아기야."라고 불리다가 첫 아이를 낳고부터는 '~의 어미'로 불린다.

집 바깥에서도 마찬가지다. 남들에게 자신을 소개할 때나 누군가가 한씨를 부를 때 남편에 딸린 존재인 것마냥 '~의 처'라고 한다. 호적이나 족보에도 '한씨'라는 성만 오르고 꼭 필요한 경우에는 '모(某, 아무개)'라고 적는다. 진아는 영영 잃어버린 이름인 것이다.

이 모든 게 양반 여성을 보호한다는 명목이다. 실제로 역모에 가담한 집안의 여성이 노비가 될 경우에는 이름을 밝히는 것으로 보아 완전히 핑계인 것만은 아닌 듯하다.

"에미야, 저고리 길이가 너무 짧지 않으냐? 소매 폭도 좀 늘려 입도록 해라."

안방마님은 한양의 첨단 유행을 따르는 젊은 며느리가 못마땅하다. 반면에 한씨는 다른 일에는 고분고분하지만 옷만큼은 마음대로 입고 싶다. 세 살 어린 남편에게 어여쁘게 보이고 싶기 때문이다. 한씨는 잠자코 있지만 속으로는 불만이 쌓인다.

경화세족의 젊은 여인들 사이에서는 화려한 몸치장이 한창 유행이다. 다른 집안 며느리들은 뒤꽂이에 떨잠에, 온갖 장신구로 치장을 하고, 가체까지 높이 올리는 데 비하면 한씨의 옷차림은 수수한 편이다.

또 집안일을 게을리하는 여인네들도 많다. 하지만 한씨는 게으름을 피우기는커녕 음식 장만에, 시아버지와 남편의 관복 바느질에, 아이 돌보는 일까지 떠맡아 하루 종일 종종걸음을 친다.

집안일 중에서도 음식 장만은 여종들이 거든다고 해도 몹시 힘든 일이다. 양반가의 며느리는 '손맛'이 좋아야 한다. 하루가 멀다 하고 사랑채를 찾는 손님들에게 끼니때면 밥상을, 끼니때가 아니라도 조촐한 다담상(차와 과자를 차린 상)이나 안주를 곁들인 술상을 들여야 하기 때문이다.

어디 그뿐이랴. 집안에서 대대로 내려오는 술 빚는 법도 꿰고 있어야 하고, 철철이 직접 메주를 띄워 장을 담그는 것은 물론 열두 가지 종류의 김치까지 척척 담글 줄 알아야 한다. 그래 봤자 이 정도는 명문가 며느리로서 최소한(!)의 자격 조건일 뿐이다.

안방마님은 며느리 한씨를 앉혀 놓고 가계부 쓰는 요령을 가르친다.

"돈과 곡식을 내가고 들일 때는 반드시 장부에 기록해라."

안방마님은 하루도 빠짐없이 가계부를 쓸 것을 거듭 강조한다. 떵떵거리는 경화세족의 살림 규모는 상상을 초월한다. 큰살림을 꾸려 나가려면 능력과 경륜이 필수적이다.

안방마님은 아직 며느리 한씨에게 '곳간 열쇠'를 내주지 않았다. 곳간 열쇠는 집안 살림의 주도권을 상징한다. 집안 형편을 가늠해서 음식과 옷과 여러 집안 행사의 비용을 지불하는 역할이기도 하다.

안방마님은 한씨에게 살림을 좀 더 가르친 뒤에 곳간 열쇠를 물려줄 생각이다. 속으로는 이미 '대감마님이 벼슬자리에서 물러날 즈음이 어떨까?' 하며 시기를 가늠하고 있다. 대개는 남편이 세상을 떠난 다음에 곳간 열쇠를 넘겨주지만, 안방마님은 내심 며느리 한씨를 탐탁하게 여기고 있다. 곳간 열쇠를 내주고 나면 안방마님은 안방을 며느리에게 물려주고 안채의 곁방으로 가게 된다.

조선 후기에는 '남자는 바깥일, 여자는 집안일'로 성에 따른 역할이 확실하게 구분되어 있었다. 집안일이라도 바깥과 관련된 일은 바깥주인이 맡고, 안과 관련된 일은 안주인이 맡는 게 원칙이다. 안주인은 며느리와 여종들을 거느리고 음식과 옷을 장만하고, '봉제사 접빈객(奉祭祀 接賓客, 제사를 받들어 모시고 손님을 대접하는 것)'을 한다.

이 집안은 어떨까? 역시나 대감마님이 집안일에 참견하는 일은 거의 없다.

"부인께서 알아서 하시오."

중요한 일을 의논할라치면 대감마님은 듣고도 흘려버리기 일쑤다. 안방마님도 나랏일에 바쁜 대감마님에게 성화를 하지 않고 크고 작은 집안일을 소신껏 처리한다. 매일 식구들이 먹을 음식과 입을 옷을 장만하는 것은 물론이고, 곡식과 비단, 소금 등을 구입하는 안살림과 담장 수리, 마구간 청소 같은 일까지 모두 직접 경영한다.

안방마님이 아침마다 며느리에게 입버릇처럼 늘 외는 잔소리 레퍼토리가 세 가지 있다.

"여인이 사치를 부리면 집안이 망한다. 사치를 멀리하고 검소해라. 여인은 책을 멀리하고 여공(女功, 부녀자들의 일)에 힘써야 하느니라."

물론 안방마님도 며느리 한씨가 참하다는 사실을 잘 알고 있다. 다른 부유한 경화세족의 며느리들이 사치를 일삼고 살림은 내팽개친 채 몸치장에만 빠져 있다는 소문이 들리니 걱정스러워 하는 말이다.

안방마님의 두 번째 잔소리가 이어진다.

"남편이 청렴한 관직 생활을 할 수 있도록 도와주는 것이 안사람의 역할이니라."

소위 내조(內助, 아내가 남편을 돕는 것)를 잘 해서 남편을 출세시키라는 것이다.

아침이 되면 이 집의 대문을 두드리는 사람들이 줄지어 늘어선다. 대감마님에게 청탁하러 온 자들이다. 덕분에 이 집 청지기(대문간을 지키는 노비)는 콧대가 세다. 대감마님을 한 번만 뵙게 해 달라며 선물(인지 뇌물인지?)을 바리바리 싸 들고 와서 애걸복걸하는 자들이 줄 섰기 때문이다.

안방마님은 각 고을에 수령으로 있는 대감마님의 친구들이 보내오는 귀한 술이며 꿩고기며 죽순 등을, 보낸 이가 마음 상하지 않도록 매번 정중하게 거절하느라 진땀을 뺀다. 그러면서 마음 한켠으로는 대감마님의 순탄한 관직 생활이 부당한 청탁이나 뇌물을 거절한 자신의 내조 덕분이라고 자부한다.

안방마님의 잔소리가 절정에 이른다.

"율곡 선생이 말씀하셨느니라. '비복은 나를 대신해 노동하는 자이므로 마땅히 은혜를 앞세우고 위엄을 뒤로 해야 그 마음을 얻을 수 있다.' 비복은 바깥주인을 두려워하고 안주인을 편안히 여기니 그 마음을 감복시킨 다음 일을 시켜라."

백 명이 넘는 노비들을 잘 부려 집 안팎의 일들을 관리하고 운영하는

사당과 제사상을 그린 민화. 제사상을 차릴 형편이 안 되는 양반이나 평민들은 실제 제사상 대신 이런 그림을 앞에 놓고 제사를 지냈다고 한다. 당시 양반가 안주인이 어떤 제사상을 차렸는지 짐작할 수 있다.

것 또한 안주인이 할 일이라는 것이다. 그런데 안방마님의 잔소리가 지나치게 전문적이라는 사실이 조금 놀랍다.

안방마님은 우리가 쉽게 예상할 수 있는 판에 박힌 잔소리, 즉 지아비를 잘 섬기라든가, 자식을 잘 키워 출세시키라든가 따위의 당부는 하지 않는다. 사실 엄청난 규모의 살림을 꾸려 나가고 백여 명의 노비들을 거느려야 하는 경화세족의 며느리에게 그런 잔소리야말로 지나치게 '상식적'이어서 생략했을지도 모르겠다.

안방마님의 노파심 섞인 잔소리가 끝나고 나서 방문을 조용히 닫고 나오는 며느리 한씨의 어깨가 유난히 무거워 보인다.

노비, 집 안팎을 움직이는 손발

며느리 한씨는 안방에서 물러나와 곧장 유모부터 부른다. 행랑채에 사는 유모 손단이 쪼르르 달려와, 갓난아기를 품에 안고 젖을 먹인다. 갓난아기가 젖을 힘차게 빤다.

젖살이 포동포동 오른 갓난아기는 발육 상태가 아주 좋아 보인다. 지금 바로 분유 광고에 나가도 좋을 만큼 우량하다. 아기는 젖을 배불리 먹고 나자 유모의 품에서 벗어나 제 어미한테 가려고 팔다리를 마구 바동거린다.

유모는 아이를 낳은 여종 중에서 무엇보다 몸이 건강하고 성격이 좋은 이로 고른다. 유모의 젖을 통해서 조금이라도 나쁜 것이 아기에게 옮겨갈까 봐 경계해서일 것이다. 행랑채에 있는 유모의 방을 슬쩍 들여다보다가 마음이 살짝 언짢아진다. 유모가 낳은 아기가 제 어미젖을 빼앗기고 대신에 희멀건 미음을 삼키고 있었던 것이다.

한씨는 안방마님의 명령을 받아 집안의 노비들에게 오늘 할 일을 줄줄이 전한다. 그 모습이 어찌나 능수능란한지 "와우!" 하고 탄성이 저절로 터져 나온다. 부엌에서는 찬모에게 아침을 준비하도록 시킨다. 침모에게는 바느질을 시킨다. 표모에게는 하루 사이에 산더미처럼 쌓인 빨래를 시킨다.

한편 남종 진걸에게는 돈을 주며 시장을 봐 오게 한다. 대감마님의 생신이 며칠 남지 않아서 이것저것 준비할 게 많다. 어른들이 드실 약도 지어야 하고, 생선과 채소 같은 찬거리와 옷감, 종이를 사려면 한양의 저잣거리를 두루 다녀야 하니 일찍부터 서두르도록 당부한다. 우리는 진걸을 쫓아다니며 저잣거리 구경을 할 참이다.

그 밖에 마구간 청소, 땔감 정리, 다가오는 제사와 관련된 일을 노비들에게 나누어 시킨다.

"아차차! 이렇게 정신머리가 없어서야. 중요한 일을 빠트릴 뻔했네!"

대감마님이 북촌 친척집에 보내는 편지가 있다. 잔심부름을 맡은 남종 필동에게 바삐 다녀오라고 당부한다.

우리가 청소기나 세탁기 같은 용도별 가전제품을 갖추고 사는 것처럼, 양반가는 남종인 노(奴)와 여종인 비

여종들이 소반 위에 음식을 담아 내놓고 있다. 얼굴 가까이 상을 들고 가는 모습이 약간은 불안해 보인다.

(婢)에게 제각각 할일을 맡겨 집안이 원활하게
돌아가도록 만든다.

집안에서 수시로 "일삼아!",
"분진아!", "세원이 게 있느냐?"
하며 노비를 부르는 소리가 들
린다. 일삼, 삼재, 만의, 손돌, 세
원, 필동, 덕돌, 용악, 진걸, 용
단, 손단, 분진, 구월이, 삼월이,
돌쇠, 잉질단······. 이 집안의 노
비 이름이다.

노비들은 세숫물이나 옷 수
발, 이불 개기, 등잔불 켜기처럼

말을 탄 양반을 모시고 가는 하인. 양반이 거동할 때마다
남종들이 일일이 시중을 들었다.

시시콜콜한 일부터 음식 장만, 바느질, 청소, 심부름 같은 집안일, 그리고
농사일, 시장 보기, 창고 관리, 묘 지키기 같은 바깥일까지 도맡아 한다.

한씨가 남종 진걸을 시장에 보내는 것은 양반들이 상거래를 꺼리기 때
문이다. 물론 요즘 경화세족 가운데는 상업에 눈을 떠서 큰돈을 번 사람
들이 많다. 하지만 고상한 양반들은 절대로 돈을 직접 만지지 않는다. 얼
굴마담 격으로 만만한 노비를 내세운다. 그래서 집이나 토지를 사고팔
때도 노비가 주인의 위임을 받아 계약서를 대신 작성한다. 집세를 받으
러 다니는 일도 노비가 한다. 양반들 중에서 고리대금업에 손댄 이들도
있는데, 이럴 때도 노비가 이자를 받으러 다닌다.

이처럼 양반가는 노비 없이는 단 하루도 굴러갈 수 없다. 따라서 노비
는 양반가의 중요한 재산 목록 1호이다. 노비는 사고팔 수 있으며, 자식

에게 물려줄 수도 있고, 다른 이에게 기증하거나 선물할 수도 있다.

부모 중에 어미가 노비이면 자식도 노비가 된다. '종모법'이라고 해서, 어미의 신분을 따르기 때문이다. 예를 들어, 양인인 아비와 노비인 어미 사이에서 태어난 아이는 노비가 된다.

부부의 주인이 다르면 아이는 어떻게 될까? 역시 어미를 쫓아간다. 어미 쪽 주인한테 아이의 소유권이 있다. 이래서 노비 주인은 자기 집 남종이 다른 집 여종과 혼인하는 것을 꺼린다. 남의 재산을 불리는 셈이 되기 때문이다. 이 이야기는 노비 가족이 서로 떨어져 살 수밖에 없는 상황이 자주 발생한다는 사실을 말해 준다.

아아, 그렇지. 양반집 아기한테 제 어미젖을 빼앗긴 유모 손단의 아기! 고대 로마 사회도 아닌데, 어떻게 이런 일이 벌어진 것일까?

그것은 조선이 신분제 사회이기 때문이다. 신분제 사회에서는 태어날 때부터 정해진 신분에 따라 차별을 받는다. 조선 전기에는 '양인'과 '천인' 두 가지로 신분이 구별되었다.

양인은 나라에 속하며 나라에 대해 조세·공납·군역·요역의 의무를 졌다. 천인은 대부분 노비인데, 관청에 소속된 공노비와 개인에 속한 사노비로 나뉜다. 사노비는 오로지 주인에게 봉사할 의무만 있다. 사노비는 또 주인집에 같이 사는 솔거 노비와 주인집에서 나와 살며 신공(노비가 주인에게 바치는 세)을 바치는 외거 노비로 나뉜다. 조선 전기에는 인구의 1/3이 노비였다고 한다.

하지만 15세기 말부터 신분이 분화해서 조선 중·후기에는 '양반-중인-양인-천인'으로 신분제가 세분화되었고, 노비의 비중이 훌쩍 늘어서 인구의 반이 노비였다고 알려져 있다.

흉년이 심해서 굶주리거나 빚에 몰리면 양인 중에서 돈을 받고 자기 자신을 파는 이가 생겨난다. 자신을 돈 주고 판 문서인 '자매문기(自賣文記)'가 지금까지 남아 있다. 양반들이야 쉽게 재산을 불릴 수 있으니 이런 경우에 얼씨구나, 하고 헐값에 노비를 마구 사들인다.

노비를 가혹하게 부리는 주인도 있지만, 대개 식구라고 생각해서 먹이고 입히고 돌봐 준다. 이 집안은 대체로 노비에게 관대한 편이다.

안방마님의 몸종 분진은 주인을 2대에 걸쳐 상전으로 모셨다. 안방마님의 친정 어미를 모시는 몸종이었다가, 안방마님이 혼인하자 이 집으로 따라왔다. 안방마님은 늙은 분진이 아프면 세심히 보살펴 준다.

그래 봤자 분진은 온몸을 바쳐 주인에게 봉사해야 하는 노비 신세다. 분진의 자식들도 대대로 이 집안을 위해 몸 바쳐 일하다가 죽을 것이다. 분진의 자식의 자식들도……

노비의 나이가 216세인 사연은?

노비가 많은 만큼 도망가는 사건도 자주 벌어진다. 무단이처럼 다른 집 남종과 눈이 맞아 도망치는 일도 있고, 따로 사는 아내나 자식이 그리워 도망치는 일도 흔하다. 모아 놓은 재산(노비는 자기 소유의 재산을 가질 수 있다!)을 갖고 "이번 생에 노비 신세에서 벗어나 제대로 한번 살아 볼 테야."라고 호언장담하며 도망치는 일도 가끔 있다.

도망 노비는 주인한테 두고두고 골칫거리이다.

"괘씸한 놈이로다. 한 식구처럼 잘해 줬건만. 잡히면 죽음을 면치 못할 것이다."

대감마님은 남종 점발이가 도망친 걸 알고 노발대발했다. 대감마님은 점발이를 특별히 아꼈다. 점발이는 글을 읽고 쓸 줄 알았다. 어릴 적부터 사랑방에서 글 읽는 소리를 어깨너머로 듣곤 줄줄 따라 외울 정도로 영리했단다.

그랬던 점발이는 멀리 전라도까지 도망쳤지만, 전국 방방곡곡 뻗어 있는 양반가의 네트워크를 피할 수는 없었다. 이 집안은 전라도에도 농토가 있고, 경상도와 충청도에는 아는 수령이 있다. '부처님 손바닥 안'인 것을 점발이만 몰랐다.

점발이는 결국 잡혀 와서 죽을 만큼 맞았다. 그래도 자꾸 도망치려 들었다. 우리는 점발이에게서 조선판 〈쇼생크 탈출〉을 보는 것 같다. 〈쇼생크 탈출〉의 명대사에 기대어 설명하자면 점발이는 이런 부류에 속한다.

"새장 안에 갇혀 살 수 없는 새들이 있다. 그 깃털은 너무나 찬란하다."

언젠가는 점발이가 탈출에 성공할 수 있을까?

노비가 도망가면 '추노'라고 해서 주인이 끝까지 쫓는다. 자신의 소중한 재산을 쉽게 포기할 사람이 몇이나 있겠는가?

한 도망 노비의 나이는 216세이다. 세상에! 이보다 조금 젊지만(?) 189세인 노비도 있다.

우리는 경악한다. 이건 뭐, 구약성서의 〈창세기〉 편에 나오는 아브라함(175세에 죽었다.)도 아니고 노비가 도대체 어떻게 그 나이까지 살 수 있단 말인가?

사정은 이렇다. 실제 나이가 아니라, 도망 노비가 살아 있다는 가정 아래 나이를 계산한 것이다. 한 학자가 연구한 바에 따르면, 조선 시대 호적에 1783년 단성현 현내면 대방촌 노비 순금은 나이가 자그마치 216세,

1762년 단성현 범물야면 지내촌의 노비 용진은 189세라고 적혀 있단다. 도망 노비에 대한 주인의 집념이 호적에 그대로 나타난 것이다. 노비는 죽어서도 죽은 목숨이 아니다!

점발이 문제가 불거지자 부자간에 의견 차이가 생겼다. 규장각 대교는 노비 제도를 당연하게 여기는 대감마님과 생각이 다르다. 연암 박지원을 비롯한 실학파의 영향을 받았기 때문이다.

실학파는 태어날 때부터 한 사람의 처지가 정해지는 신분제가 부당하다고 생각한다. 모든 백성이 기초 교육을 받고, 사농공상의 직업을 자유롭게 선택할 수 있는 날이 조선 땅에 속히 오기를 간절히 바란다. 규장각 대교는 속으로 이런 신분제 개혁에 동의하고 있지만, 감히 이 뜻을 입 바깥으로 내지는 못하고 있다.

이 시대에는 도망 노비를 쫓는 추노가 중요한 사회 문제가 되기도 하고, 한편으로는 주인을 죽이려는 노비들의 모임인 섬뜩한 '살주계'가 결성되기도 한다.

조선 후기로 갈수록 도망 노비가 늘어나고, 이런저런 방법으로 양인이 된 노비도 많아져서 그 수가 급격하게 줄어들었다. 1801년에는 내수사 노비와 중앙 각 기관 소속 노비의 명부를 불사르고 6만 6천여 명의 공노비를 해방했다. 그리고 시간이 더 흘러 1894년 갑오경장 때에 이르러서야 공노비와 사노비, 즉 모든 노비의 해방이 이루어진다.

하지만 그날은 아직 오지 않았고, 경화세족의 아침 밥상은 오늘도 노비가 차린다.

천하 대식가, 조선 사람의 아침 밥상

부엌에서 여인들의 손놀림이 부산스럽다. 찬모가 허드렛일을 하는 여종들을 데리고 한창 국을 끓이고 반찬을 만들고 있는 중이다. 새벽에 한 차례 죽상을 올린 뒤, 곧바로 아침 밥상을 차리기 위해서다.

며느리 한씨는 이 모든 걸 지휘하는 총사령관이다. 한씨는 끼니마다 상에 오를 음식을 정해 주고, 식재료를 사 오게 하고, 찬모 옆에서 국과 나물의 간을 깐깐하게 본다.

우리도 덩달아 간을 보느라 바쁘다. 에그그, 우리 입맛에는 모든 음식의 간이 대체로 싱겁다. 부뚜막에 걸려 있는 무쇠솥에서 밥과 국이 끓는다. 솥에서 뿜어 나오는 김이 부엌에 자욱하게 서려 있다.

한양 반가의 음식은 손이 많이 간다. 국에 넣을 파를 다지더라도 원래의 모습이 보이지 않게 송송송, 곱게 다진다. 한 가지 요리를 하더라도 육수를 미리 낸다든지, 식재료를 찐 다음에 볶거나 굽는다든지, 밑간을 해 둔다든지 등등 식재료를 손질하는 법부터 조리법까지 여러 단계를 거쳐야 한다. 일손을 돕는 여종 없이 여주인이 혼자서 해내기란 불가능에 가깝다. 오늘날 한양 반가 음식을 해 먹기 힘든 까닭이 여기에 있다.

반가의 음식은 격식이 까다로우면서 맵시를 중요시한다. 화려한 궁중 음식과 교류가 잦은 까닭에 알게 모르게 음식에 기품이 넘친다. 궁중에서 반가로 음식을 내려 주면 반가에서도 궁중으로 음식을 올린다. 예를 들어, 궁궐에서 김장독을 새로 헐면 김장 김치를 반가로 내려 보낸다. 그럼 빈 그릇을 돌려보낼 수 없으니 반가에서도 집안에서 만든 김장 김치나 반찬을 궁궐로 들여보낸다. 이렇게 서로 영향을 받아 격조 높은 한양 반가 음식이 완성되는 것이다.

13명의 관리가 나이 든 어머니를 위해 잔치를 열자, 선조가 궁중에서 숙수(요리사)를 파견하여 잔치를 도왔다고 한다. 그림 위쪽에서 남자 요리사들의 모습을 찾아볼 수 있다. 이렇게 궁궐과 양반가는 음식 문화를 서로 교류했다.

반가의 음식은 다채롭다. 한양으로 온갖 물산이 올라오니, 조선 팔도의 풍부한 식재료로 만든 다양한 요리를 선보일 수 있는 것이다. 다만 교통수단이 발달하지 않았던 시기이므로 식재료의 신선함이 떨어지기 때문에 그걸 보완하기 위한 양념이나 조리법이 발달했다.

상차림도 유별나다. 작은 그릇에 여러 가지 반찬을 따로 담는다. 가짓수는 많되, 양은 적게, 오종종하니 담는다.

오늘 아침은 7첩 반상이다. 찬모가 만든 음식을 며느리 한 씨가 차려낸다. 밥, 국, 김치, 찌개, 장을 기본으로 하고 반찬 7가지를 더 놓은 상차림이다. 각자 입맛에 따라 더 넣을 수 있도록 간장·초간장·초고추장의 종지를 곁들인다.

아, 맛이 정말 궁금하다! 외람되지만, 우리는 여주인 몰래 슬쩍 맛을 본다.

북어무침은 맵지 않다. 대구전은 기름을 많이 두르지 않고 지져서 담백하다. 두릅나물과 오이무침은 슴슴하다. 전반적으로 간이 약하고 은은하면서 담백한 맛이다. 강한 맛을 내는 인스턴트 음식이나 조미료, 맵고 달고 짠 입맛에 길든 우리한테는 좀 심심하게 느껴진다. 그렇지만 나쁘진 않다. 맛을 볼수록 혀 깊숙한 곳에서 끌어당기는 묘한 맛이 있다.

앗, 김치가 특이하다! 반가에서는 조선간장에 배추, 무, 미나리, 밤, 대추를 넣은 장김치를 담가 먹는다. 생김새는 나박김치같이 국물이 흥건한 편이다. 직접 먹어 보니 짭조름한 게, 오늘날 우리가 먹는 장아찌 같기도 하다. 낯설지만 그런대로 먹을 만하다. 임진왜란 이후에 고추가 전래되고 김치에 고춧가루를 넣어 버무렸다고 하지만, 반가 음식에서는 고춧가루를 잘 쓰지 않는다.

조선 시대 외상 차림. 밥그릇에 담긴 밥의 양에 자꾸만 눈길이 간다.

한씨는 시어머니에게 낼 상을 마지막으로 훑어본다. 혹시 흠 잡힐 건 없는지 조마조마한 기색이다.

집안 어른들은 방에서 각자 밥상을 받는 '외상 차림'이다. 대청마루 위 시렁에는 잔치 때 쓰는 소반들이 잔뜩 걸려 있다. 어른들이 물린 상을 받아 아이들이나 아랫사람들이 먹는다.

우리한테는 각자 밥상을 받는 차림새도 낯설지만, 아침상의 풍성함에 더욱 적응하기 어렵다. 아침을 굶거나, 빵이나 우유로 때우거나, 김밥 한 줄, 혹은 국과 밥으로 간단하게 먹는 우리한테는 무척이나 과한 식사로 보인다.

아침부터 왜 이렇게 상을 거하게 차렸을까? 조선 시대 사람들은 하루에 두 끼를 먹고 살았다. 농사일을 많이 하는 여름철에만 한 끼를 더 먹었다. 그래서 아침을 든든하게 먹는 게 버릇이 된 것이다. 농사일을 하지 않더라도 대개 꼭두새벽부터 일어나 오전 내내 많은 활동을 하니, 아침을 실하게 먹어 두어야 한다.

조선 시대에 '점심'이라는 말은 낮에 먹는 끼니를 말하는 게 아니라, 출출할 때 간단하게 먹는 끼니라는 뜻으로 쓰였다. 식사 시간이 아니라 '조금 먹는다.'는 식사량에 관련된 단어였던 것이다. 하루에도 몇 번이나 점심을 먹을 수 있었던 셈이다. 어? 귀가 솔깃해진다. 먹고 나서 뒤돌아서면 바로 배고픈 학창 시절에……, 점심을 여러 번 먹을 수 있으면 얼마나 좋을까!

그렇지만 조선 후기가 되면 점심이 오늘날 우리가 쓰는 말처럼 '낮밥'이라는 뜻으로 쓰이게 된다. 흥미로운 건, 조선 시대에는 신분과 빈부에 따라 끼니 수가 달라진다는 사실이다. 먹는 음식의 종류는 다를지언정, 우리는 부자나 가난뱅이나 똑같이 하루 세 끼를 먹고 사는데 말이다.

이 집안의 바깥양반들 같은 관료는 새벽 죽, 아침, 점심, 저녁, 하루 네 끼를 먹는다. 일찍 출근하면 관청에서 주는 아침을 먹는다. 왕은 하루 다섯 끼를 먹는다. 그런데 왕보다 더 자주 먹는 게 중인들이다. 이들은 음식 호사가 심하다. 돈을 많이 번 중인들은 하루 일곱 끼까지 먹는다.

사회적으로 더 큰 문제는 양반들의 음식 사치이다. 지방 고을의 수령들은 왕의 수라상을 본떠 흰밥과 팥밥 두 상을 차려놓고 산해진미를 먹어댄다. 흉년에 굶주리는 백성들이 넘쳐나는 데도 말이다.

옛말에 이런 구절이 있다.

"중국인은 집에, 일본인은 옷에, 조선인은 음식에 사치를 부린다."

어떤 계층이든 조선 사람들은 식탐이 많고 대식가이다. 이 집안에서도 일을 많이 하는 장정들은 커다란 막사발에 김이 무럭무럭 나는 밥을 고봉으로 담아 눈 깜짝할 사이에 먹어치운다. 우리는 장정들이 숟가락으로 꾹꾹 눌러 순식간에 먹어치우는 밥의 양에 놀란다. 어림잡아도 오늘날 성인 남성이 먹는 밥의 세 배는 더 먹는 것 같다.

우리는 손님이 왔을 때 '상다리가 휘어지게' 차리지 않으면 손님 대접이 소홀하다며 툴툴댄다. 남의 결혼식이나 심지어 상갓집에 가도 음식 대접이 소홀하면 손님들은 성을 내고 두고두고 흉을 본다.

한식당에 가서 반찬을 더 달라고 할 때 공짜로 주는 나라는 우리나라 밖에 없다는 말도 있다. 음식 인심이 야박하면 싫어하는 게 예나 지금이나 똑같은 모양이다. 한식당에서 반찬을 조금씩 담거나 각자 먹을 양만큼 갖다 먹자고 홍보를 해도 여전히 남아서 버리는 음식 쓰레기로 골머리를 앓는다. 조선 시대부터 그랬던 '천하제일 대식가'의 습관을 바꾸기가 쉽지 않은 것이다!

이런 생각을 하고 있는데, 대문 밖 골목에서 장사치들이 외치는 소리가 들린다.

"무 드렁 사려."

"새우젓 드렁 사려."

'드렁'은 장사치들이 물건을 사라고 외칠 때 물건 이름 뒤에 복수의 뜻으로 붙이던 한양 토박이 말이다. 우리는 대문을 박차고 힘차게 집을 나선다. 이제 본격적으로 한양 거리를 살펴볼 시간이다!

노비, 조선을 떠받친 힘
: 조선의 신분 구조

하늘이 백성을 낳았는데 그 백성이 넷이다. 그중에 으뜸은 선비인데, 양반이라 일컬으며 이보다 더 좋은 것이 없다. 양반은 몸소 밭을 갈지 않고 장사를 하지 않으며, 글을 조금만 읽으면 크게는 문과에 합격하고 적어도 진사가 된다. 문과의 홍패는 비록 두 자에 지나지 않지만, 온갖 물건을 얻을 수 있으니 돈자루라고 할 수 있다.

– 박지원,《양반전》에서

네 가지 신분

북학파인 박지원이 지은《양반전》은 풍자 문학이므로 내용에 어느 정도 과장이 섞여 있을 것이다. 하지만 반대로 생각하면, 그만큼 '양반'이라는 신분을 모두가 부러워했다는 뜻이기도 하다.

조선 초기에는 법적으로 '양인'과 '천인'으로만 구분되었다. 양인은 조세, 공납, 군역의 의무가 있는 자유민이었고, 천인은 재산으로 취급되는 노비가 대

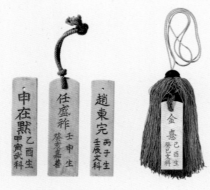

여러 종류의 호패. 16세 이상이면 양반과 노비 가릴 것 없이 모두가 호패를 착용해야만 했다.

부분을 차지하는 계층이었다. 그러다 양인이 양반, 중인, 양인으로 세분화가 되면서, 양반-중인-양인-천인의 네 신분으로 정착된다. 이런 신분 제도는 당시 법전인 《경국대전》에 의해 보장을 받았기에, 누구나 신분에 맞춰 살아가야 했다.

양반의 경제적 기반

이중에서도 양반은 '문반'과 '무반'을 지칭하는 말이었는데, 시간이 지나면서 관직을 가질 수 있는 신분을 뜻하는 의미로 사용하게 되었다.

양반의 경제적인 기반은 두 가지, 즉 땅과 노비였다. 부유한 양반들은 《양반전》에 나오는 것처럼 손 하나 까딱하지 않은 채 자신이 가진 땅을 노비에게 경작

노비를 판다는 내용이 적혀 있는 증서

시키는 것은 물론, 집안일과 육아까지 전부 노비에게 맡기고 유유자적한 생활을 누렸는데, 이는 양반들이 과거 공부에만 전념할 수 있었던 원동력이기도 했다. 지방 양반도 이름있는 가문인 경우에는 50여 명 내외의 노비를 거느렸다고 하니, 한양의 세도가는 어떠했을지 짐작할 수 있다.

조선 시대에 가장 천대를 받던 계층인 노비는 말 그대로 양반의 손발이나 다름이 없었던 셈이다. 만약 노비가 없었으면 어땠을까? 아마도 '양반'이라는 계층이 그렇게 오랜 시간 조선을 이끈 주체로 활동하기가 어렵지 않았을까?

You are here!

숙정문

백악산(북악산)

창의문(자하문)

성균관

혜화문

인왕산

창덕궁

창경궁

낙산

경복궁

사직단

백탑(원각사지십층석탑)

배오개 시장

경희궁

육조
거리

종루

운종가

청계천

흥인문(동대문)

돈의문(서대문)

소의문

광희문

숭례문(남대문)

남촌

칠패 시장

목멱산(남산)

마포 나루

때 : 묘시~사시(5시 ~ 11시)
장소 : 남촌 → 육조 거리 → 성균관, 창덕궁

조선의 행정 타운,
육조 거리를 가다

3

학당 유생들은 '질풍노도의 시기'를 겪고 있는 사춘기 소년들이다. 시도 짓고, 꽃구경도 하고,

벗들과 활쏘기도 하면서 어린아이에서 어른으로 몸과 마음이 함께 성장하는 나이다. 그런데

도 학당 유생의 목표는 오로지 성균관에 입학하는 것과 생원·진사시 합격에 맞춰져 있다. 공

부에 대한 스트레스에 짓눌리고 있는 것이다. 어디서나 공부, 공부 하니까 욕구 불만에 시달

린다. 그래서일까? 유생들은 학당 밖에서 교관과 마주칠 성싶으면 인사도 하지 않고 내빼기

바쁘다. 일부 못된 유생들은 비행 청소년이 되어 거리를 활보하고 다니기도 한다.

조 선 의 행 정 타 운 , 육 조 거 리 의 출 근 풍 경

"물렀거라."

출근 시간, 광화문 앞 육조 거리는 벽제 소리로 뒤덮인다. 육조 거리는 경복궁의 정문인 광화문 앞으로 난 대로인데, 좌우에 의정부와 한성부, 사헌부, 이·호·예·병·형·공조의 육조와 같은 관아가 배치되었다. 큰길 뒤쪽으로는 하급 관청이나 왕실에 필요한 물건을 조달하는 내수사, 내자시, 내섬시, 제용감, 사복시 같은 관아가 군데군데 있다. 한마디로 한양의 관청 거리이다.

육조 거리는 조선에서 가장 큰길이다. 너비가 17미터, 길이는 광화문 앞에서 지금의 세종대로 사거리인 황토마루까지 총 600미터에 이른다. 우리야 고속도로나 왕복 16차선 도로 같은 대로에 익숙하지만, 좁고 꼬불꼬불한 길에 익숙한 조선 사람들한테는 어마어마하게 넓은 길이다.

출근 시간이 막바지에 이르자 고위 관리들이 탄 초헌이며 평교자가 간간이 눈에 띈다. 평교자를 멘 가마꾼들이 발걸음을 재게 놀려 속도를 낸다. 가끔씩 가마도 지나간다.

"이랴."

한양을 그린 〈도성대지도〉 중 경복궁과 육조 거리. 경복궁 아래쪽으로 펼쳐진 대로가 조선 최대의 관청가였던 육조 거리다. 광화문
오른쪽으로 흐르는 하천인 중학천 옆에서 교육 기관인 '중학'도 찾아볼 수 있다.

초헌을 탄 판서(왼쪽)와 평교자를 탄 정승(오른쪽). 초헌은 외바퀴가 달려 있어 수행하는 사람들이 덜 힘들어 보인다.

늦잠을 잔 관리는 말의 배를 세게 걷어차며 출근을 서두른다.

오늘날 공무원에 해당하는 관리들의 출근 시간은 몇 시일까? 관리들은 묘시(오전 5시~7시)에 출근하고 유시(오후 5~7시)에 퇴근한다. 해가 짧은 겨울이 되면 출근 시간은 늦추고 퇴근 시간은 당겨서, 진시(오전 7~9시)에 출근하고 신시(오후 3~5시)에 퇴근하도록 한다.

출근할 땐 어떤 탈것을 이용할까? 우리는 자신의 능력에 따라 탈것을 고를 수 있다. 하지만 조선에서는 언감생심, 꿈도 꾸지 못할 일이다. 조선의 신분제는 탈것에도 엄격하게 적용된다. 아무리 돈이 많고 능력이 뛰어나도 일단 신분이 중인이나 천민이라면 마음 가는 대로 탈것을 고를 수가 없다. 물론 슬금슬금 위반하는 사례가 늘어나서 말썽이 되고 있긴 하지만.

초헌은 대감마님 같은 판서가 타는 외바퀴 수레이다. 지금 육조 거리를 행차하는 초헌에는 병조 판서가 타고 있다. 판서급이라도 나이가 지긋해야 초헌을 타지, 젊은 판서가 타면 욕을 먹는다. 좌석이 아주 높아서 고위 관리의 위세를 뽐낼 수 있다. 구종은 키 큰 하인이 맡을 수밖에 없다. 초헌 앞에는 여섯 명의 군졸이 앞장선다.

평교자를 탄 이는 정승이다. 덮개 없이 사방이 트였는데, 앞뒤로 가마꾼 네 명이 어깨에 메고 천천히 움직인다. 평교자에는 알록달록한 표범 가죽이 깔려 있어 호화롭기 그지없다. 가마 덮개인 안롱과 접는 의자인 호상을 든 사람을 비롯하여 스무 명의 수행원이 따르는 위풍당당한 행차이다.

"물렀거라."

안롱을 든 자를 알도라고 하는데, 정승 행차인 만큼 알도가 벽제 소리를 길게 뽑아 지른다. 의외로 두 마리 말이 끄는 가마, 즉 쌍교는 눈에 띄지 않는다. 임금과 왕족 외에는 도성 밖에서만 탈 수 있도록 정해져 있기 때문이리라.

그런데 우리가 보기에는 초헌이나 평교자가 전혀 편해 보이지 않는다. 외바퀴 수레는 넘어질까 봐 아슬아슬해 보이고, 평교자는 떨어질까 봐 위태위태해 보인다. 게다가 옆에서 땀을 뻘뻘 흘리는 가마꾼을 보니 마음이 영 불편해진다.

앗, 이게 웬일이지? 출근하는 관리 사이사이로 내시들도 간간이 눈에 뗀다! 우리는 내시가 궁궐에 산다고 생각하기 쉽지만, 실제로는 그들도 버젓이 출퇴근을 한다. 각자 맡은 일에 따라서 당번을 정해 교대 근무를 할 뿐이다. 반면에 궁녀들은 궁궐에서 쭉 생활하며, 살아서는 밖으로 나가지 못한다.

한 내시가 말을 탄 채, 거들먹거리며 광화문 앞을 막 지나가고 있다. 이 내시는 승전교를 건너고, 광화문을 지나, 창덕궁으로 출근하는 중이다. 승전교는 오늘날 광화문 근방 서울지방경찰청 부근에 있는 다리이다. 이 동네에 임금의 명령을 전달하는 내시인 '승전빗'들이 모여 살아서 다리 이름도 승

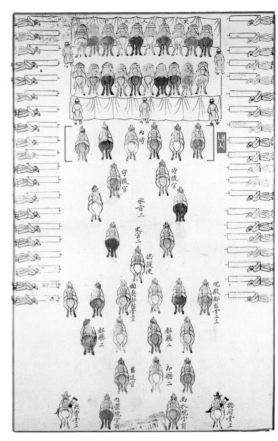

영조의 상을 치르는 장면을 기록한 의궤의 한 장면. 말을 탄 행렬 바로 뒤에서 보좌하는 사람이 바로 내시다. 내시는 거의 모든 궁중 행사에 빠짐없이 참여했다.

전교라고 부르게 되었다. 다른 내시들은 오늘날 청와대 근처인 효자동에 모여 살았다.

내시는 임금의 시중을 드는 이라고만 알고 있지만 사실은 궁궐에서 일어나는 온갖 잡다한 일을 전부 처리한다. 내시야말로 궁궐을 움직이는 '보이는 손'이다. 임금이 드실 수라를 감독하고, 궁궐 문의 경비를 맡고,

궁궐 청소를 하고, 노비를 단속하고, 임금의 명령을 전달하는 게 내시들의 일이다.

그 가운데 승전빗은 임금의 명령을 전달하는 일을 맡다 보니, 주위에 아부하는 무리가 꾀이고 부당한 권력을 행사해서 자주 말썽을 일으키곤 한다.

출근 시간대가 지나자 육조 거리의 소음이 서서히 잦아든다.

한성부에서 만난 한성 판윤과 다모

우리는 육조 거리 한복판에 서 있다. 육조 거리 양쪽으로 위풍당당한 관청들이 늘어서 있다. 잿빛 콘크리트 고층 건물이 아니라, 한옥으로 지어진 나지막한 관청 건물들이 참으로 정겹다. 일제에 의해 전통이 단절되지 않았더라면 관청 거리에는 지금껏 한옥 관청들이 늘어서 있을지도 모른다.

우리 시대에는 사라져 버린 관청 돌담에 괜히 손을 갖다 대 본다. 아침 햇살을 받은 담장이 따스하다. 우리는 육조 거리의 동쪽, 이조와 호조 사이에 있는 한성부 건물 앞에 와 있다. 한성부는 지금의 서울 시청 청사에 해당한다.

한성부의 정문이 웅장하다. 우아한 우진각 지붕에 높직한 담장하며, 건물 규모가 굉장히 크다. 당상 대청은 여섯 칸의 당당한 건물이다. 서울 시장 격인 한성 판윤과 부시장 격인 좌윤과 우윤이 근무하는 곳이다. 지금과 마찬가지로 한성 판윤은 나랏일에 적극 참여하며, 정승이 되기 위해서 거쳐야만 하는 자리이다.

"판윤 납시오."

예방 서리가 판윤이 출근한 것을 알린다. 좌윤과 우윤, 육방 낭청(실무를 맡은 당하관 관리)이 판윤을 극진히 맞이한다. 문서와 온갖 잡일을 맡은 '승발'이 판윤 앞에 엎드려 판결을 청하는 소장을 받들어 올리고, 인신(도장)을 개봉하면 판윤의 하루 일과가 시작된다.

한성부는 도성 안과 성 밖 십리의 민생과 관련된 일을 전부 맡는다. 민생 관련 일을 나열하자면 끝이 없다. 주택·토지·도로·다리·산천을 관리하며, 온갖 범죄를 조사·단속하고, 도성 방어를 위한 순찰을 한다. 치안과 함께 재판도 맡는다. 또한 화재 예방과 소방 업무, 임금이 궁궐 밖으로 거둥할 때 임금의 가마를 인도하는 일도 한성부의 몫이다.

그 밖에도 별의별 일을 다 한다. 한성부에서 필요한 물자를 나르는 수레 열다섯 량을 관리하는 부서도 있다. 오늘날이라면 도시교통본부에 속하지 않을까? 심지어 송충이를 잡는 습충군도 한성부 소속이다. 재미 삼아 서울 시청 홈페이지의 조직도에서 담당 업무에 '해충'을 입력해 보니, 이럴 수가, 오늘날에도 서울시 소속 공원이나 녹지관리소에서 해충 없애는 일을 맡고 있다!

어, 저 큼지막한 건물은 무얼 하는 곳이지? 한성 판윤이 일하는 집무실의 두 배는 족히 넘어 보이는 크기이다. 기둥 사이를 세어 보니 모두 열세 칸이나 된다.

호적청

한성부에 웬 호적청이 있지? 언뜻 이해가 되지 않지만, 그건 한성부에서 전국의 호적 업무를 맡기 때문이다. 서울 시청에서 전국의 주민등록증을 관리하는 셈이라고 하면 이해하기 쉬우려나?

한성부에서는 3년마다 전국의 호적을 정리하고, 16세 이상의 정남(丁男, 장정)에게 호패를 발급하는 업무를 한다. 전국의 호적 일을 도맡아 하다 보니, 호적청의 규모가 저렇게 큰 것이다. 호적 관련 기록을 저장한 호적 창고는 여기저기 흩어져 있는데, 모두 합치면 아흔아홉 칸이나 된다고 하니 어마어마한 규모이다.

한성부 건물들을 기웃대다가 아담한 건물 앞에 이른다. 살짝 안을 들여다봤더니 머리에 가리마(부녀자들이 예복을 갖출 때 머리에 덮어쓰던 헝겊)를 쓴 젊은 여인이 보인다. 관청에서 여인이 무슨 일을 하는 거지? 호기심에 살짝 엿보기로 한다.

여인은 작은 풍로에서 찻물을 끓이더니 찻잔과 찻주전자를 작은 상에 놓고 방방으로 나른다.

'아, 다모구나!'

원래 다모는 관청에서 차를 끓이는 등 허드렛일을 하는 여종이다. 그런데 조선 시대는 남녀가 얼굴을 맞대지 않는 내외법이 엄격했던 시절이라서, 여성과 관련된 사건이 생기면 다모가 아전이나 포졸의 업무를 돕는 여성 경찰, 또는 여형사 역할을 맡게 된다.

가리마를 쓴 여인. 다모도 이와 비슷한 모습이었을 것이다.

관청가 한복판에서 말 울음소리가?

후문을 통해 한성부를 빠져나온다. 순간 어디선가 히힝, 하고 말이 우는 소리가 들린다. 말 우는 소리가 어디서 나는 거지? 말 울음소리를 쫓아서 걸음을 재촉해 본다.

우리가 도착한 곳은 바로 사복시. 삼문 위 현판에는 '태복시'라고 적혀 있다. 조선 시대 내내 태복시와 사복시가 뚜렷한 구분 없이 섞여 쓰였다. 사복시는 병조 소속으로 말과 목장에 관한 일을 도맡아 하는 관청이다. 조선 시대에 말은 보통 때에는 중요한 교통 수단이자 통신 수단(조선이 운송을 위한 역참 제도와 소식을 전하기 위한 파발마 제도를 운영한 걸 생각해 보라!)으로, 전쟁 때에는 기마병들을 위한 군사용으로 상당히 중요한 동물이었다.

우리는 열려 있는 왼쪽 협문을 통과해 사복시 건물 안으로 뚜벅뚜벅 들어간다. 정면에 정청이 있고 양쪽으로 기다란 창고가 늘어서 있다. 정청 앞에는 사복시 제조가 타고 온 가마가 덩그러니 놓여 있다.

정청 옆으로 마부들이 머무는 곳, 말의 질병을 치료하는 마의청, 임금이 타는 말을 담당하는 이마청, 말 사료인 콩을 관리하는 추두간 같은 부속 건물이 있다.

어디선가 극심한 고통에 시달리는 말의 신음소리가 난다. 소리를 따라 우리가 달려간 곳은 마의청. 말의 질병을 치료하는 동물 병원이라고 할 수 있다. 모로 자빠져 있는 말이 흰자위를 드러내고 주둥이에 거품을 물며 계속 신음하고 있다. 그 옆에서 마의가 신중한 표정으로 말의 배를 문지르다가 맥을 차례로 짚는다. 마의가 말의 경혈을 찾아 이곳저곳에 장침을 꽂는다. 잠시 뒤, 신음하던 말이 편안해졌는지 스르르 잠에 빠져

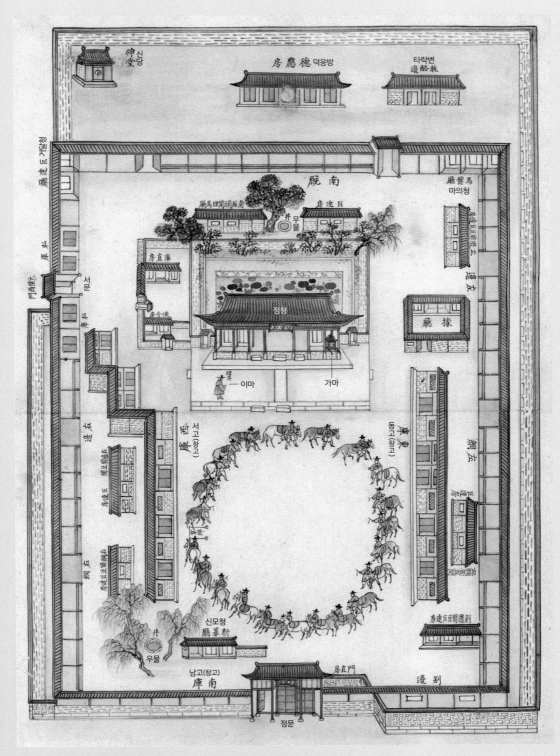

궁궐의 말을 관리하던 관청인 사복시의 모습. 조선 시대에 말을 어떻게 조련했는지 알 수 있다.

든다.

북서쪽 외진 곳에는 아전들이 모시는 신당도 있다. 사복시 앞마당에서는 병사들이 한창 말을 길들이는 중이다. 말고삐를 쥔 병사들이 원형으로 대오를 이루면서 앞마당을 돌고 있다. 에그그, 훈련을 받는 중에 똥오줌을 싸는 말들이 있다.

똥오줌 냄새를 피해 정청 뒤편에 있는 연못 쪽으로 얼른 자리를 옮긴다. 버드나무 긴 가지가 봄바람에 흔들거린다. 우물이 있어 두레박을 드리운다.

우물물이 정말 시원하다!

조선의 SNS, 왁자지껄 빨래터

중학천이라는 큰 내가 흐르고 있다. 우리는 사복시에서 나와, 중학천을 따라 북쪽으로 슬슬 걷는다.

'탕탕 탕, 탕탕.'

중학교라는 다리 밑에서 아낙네들의 빨래 방망이 소리가 요란하다. 한양 도성 안에는 냇가가 많다. 백악산, 인왕산, 목멱산 계곡에서 흘러나온물이 한양 곳곳에 맑은 시내가 되고, 그 작은 물줄기들이 개천으로 모여한강으로 흐른다.

이런 냇가마다 빨래하는 아낙네들로 넘쳐난다. 식구들 아침을 먹이고나면, 큰 광주리에 잔뜩 빨랫감을 담아 머리에 이고는 냇가를 찾는다.

냇가는 아낙네들이 수다를 떠는 곳이기도 하다. 아낙네들은 반반하고넙적한 돌을 빨래판 삼아 있는 힘껏 방망이를 두들겨 가며 빨래를 해댄다. 호랑이 같은 시아버지, 못된 시어머니, 얄미운 시누이, 무심한 남편 흉을 볼 때면, 빨래를 쳐 대는 방망이 소리가 점점 커진다.

앞집 처녀와 뒷집 총각이 정분난 이야기 같은 동네 소문의 발생지는 동네 우물가 아니면 아마도 빨래터일 것이다. 아낙네들이 두런대는 이야 기꽃이, 웃음꽃이 빨래터에서 피어난다.

"깔깔깔."

고된 시집살이를 하면서 입을 크게 벌리고 웃어 보지도 못하다가, 빨 래터에서는 이웃 아낙네와 어울리며 맘껏 웃는다.

"저기서 빨래하면 딱 좋겠네!"

조선의 아낙네들이 맑은 냇가만 보면 빨래가 하고 싶어지는 이유다.

질풍노도의 시기를 보내는 중학 유생들

우리는 한 건물 앞에서 걸음을 멈춘다. 아이들이 와글거리는 소리가 문밖까지 들린다.

대문 위에 현판이 걸려 있다. 아, 중학천이며 중학교란 이름이 모두 여 기 '중학(中學)'에서 나온 거였구나!

중학은 한양에 있는 사부 학당 중 하나이다. 사부 학당은 요즘으로 치 면 중학교에 해당한다. 한양의 동서남쪽 방향에 따라 동학, 서학, 남학이 있고 경복궁 밑에 중학이 있다. 나라에서 세운 중등 교육 기관으로 지방에는 향교를, 한양에는 학당을 세운 것이다. 사부 학당을 줄여서 '학당'이라고 부른다. 대한 제국 말기나 개화기에 사립 교육 기관을 '이화 학당', '배재 학당'이라고 부른 게 바로 사부 학당에서 유래했다.

조선의 중학생들은 무슨 공부를 하는지, 공부 분위기는 어떤지 자못 궁금하다. 어라? 뜻밖에 학당 분위기가 상당히 어수선하다. 이건 정말이지 예상 밖이다!

게다가 학당 유생들의 나이가 천차만별로 보인다. 우리는 학년 별로 나이가 같지만 여기는 다르다. 십 대 초반으로 보이는 유생들이 대부분이지만, 열 살이 채 안 되어 보이는 어린아이도 있고, 스무 살이 넘어 수염을 기른 청년 유생도 있다.

하하하! 이런 재미난 우연이. 우리는 경화세족의 아래 사랑방에서 만난 부루퉁이를 이곳에서 다시 보게 되었다. 부루퉁이는 옆의 유생과 한창 딴짓을 하는 중이다.

젊은 교관은 학당 유생들을 잘 다루지 못해 쩔쩔맨다. 교관은 실습 중인 '권지', 즉 현재로 따지면 교생 선생님이다. 다른 학당 유생들도 교관의 말을 잘 듣지 않고 제멋대로 행동한다. 중학 유생들은 대부분 명문가의 자식들이어서 독선생을 따로 모시고 선행 학습을 한다. 풋내기 교관이 떠드는 내용쯤은 벌써 뗀 지 오래다. 앞에 앉은 모범생 몇몇만이 교관의 말에 귀 기울이는 척한다.

교관이 학당 유생들에게 그동안 배운 《소학》을 '강(배운 글을 선생 앞에서 외는 일)'시키고 있다. 《소학》은 학당 유생들의 필수 과목이다. 유교의 기본적인 내용을 뽑은 것으로 학당 유생들의 생활 규칙이기도 하다. 또 성균관에 진학하기 위해 치르는 시험 과목 중의 하나다. 여러 모로 《소학》 공부를 소홀히 할 수 없다.

학당 유생들이 차례로 일어나 《소학》의 한 구절을 왼다.

"여덟 살이 되면 문호의 출입함과 자리에 나아가고 음식을 먹을 땐 반드시 윗사람보다 뒤에 하도록 하여, 비로소 겸양을 가르친다. 열 살이 되면……."

누구는 줄줄 외고, 누구는 더러 몇 구절을 빠트리고, 누구누구는 더듬거린다.

어이쿠, 부루퉁이가 걸렸네! 괜히 마음이 조마조마해진다. 휴우, 부루퉁이는 그래도 제법 줄줄 왼다.

다음 유생은 한참을 더듬거린다. 교관이 줄줄 외지 못하는 유생을 혼내자, 유생의 얼굴에 반항하는 빛이 역력하다. 조선 시대에는 스승의 그림자도 밟지 않았다고 알고 있는 우리로서는 저런 모습이 무척이나 당황스럽다. 사실 사부 학당의 교관들은 유생들의 생활 지도에 이만저만 어려움을 겪는 게 아니다.

학당 유생들은 '질풍노도의 시기'를 겪고 있는 사춘기 소년들이다. 시도 짓고, 꽃구경도 하고, 벗들과 활쏘기도 하고, 택견도 하면서 어린아이에서 어른으로 몸과 마음이 함께 성장해 나가야 하는 나이다. 그런데도 학당 유생의 목표는 오로지 성균관에 입학하는 것과 생원·진사시 합격에 맞춰져 있다. 공부에 대한 스트레스에 짓눌리고 있는 것이다. 어디서나 공부, 공부 하니까 욕구 불만에 시달린다.

그래서일까? 유생들은 학당 밖에서 교관과 마주칠 성싶으면 인사도 하지 않고 내빼기 바쁘다. 일부 못된 유생들은 비행 청소년이 되어 거리를 활보하고 다니기도 한다. 절에 함부로 침입해서 폭력을 휘두르기도

조선의 행정 타운, 육조 거리를 가다

하고, 화려한 옷을 걸치고 말을 타고 다니다 길거리에서 만나는 부녀자들을 희롱하기도 한다.

그나마 사부 학당 유생들은 한양에 사는 이점을 한껏 누리는 편이다. 사부 학당은 성균관의 예비 학교 격이고 교관도 성균관에서 파견한다. 지금 강을 시키고 있는 권지도 물론 성균관에서 파견한 신임이다. 그러다 보니 아무래도 사부 학당 유생들은 지방의 향교 유생들에 비해서 성균관 입학에 유리할 수밖에 없다.

게다가 오늘날과 비슷한 특례 입학 제도도 있다. 학당 유생 중에서 15세

조선에서 보낸 하루

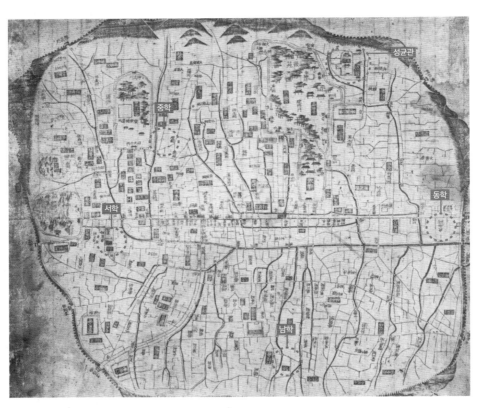

성균관과 사부 학당의 위치

이상이 되고 《소학》을 완전히 떼면, 시험관의 물음에 말로 대답하는 구두시험을 봐서 100명을 성균관에 특례로 입학시킨다. 한양에 사는 학당 유생에게 성균관 입학에 특혜를 주는 것이다.

특혜는 이게 전부가 아니다. 학당 유생들은 과거 시험에서도 유리하다. 과거 시험의 예비 시험격인 초시(생원과 진사)는 향시와 한성시에서 각각 뽑는다.

초시는 각 도의 인구 비율에 따라 숫자를 배정한다. 지방의 향교는 7% 합격률인 데 비해 한양의 사부 학당(정원 400명)은 한성시에서 100% 합격률(생원, 진사 각 200명씩)을 보인다. 결국, 교육 여건이나 과거 응시 정원에서 훨씬 유리한 한성 거주자가 전체 소과 합격자의 35%를 차지하는 건 어찌 보면 당연한 일이라고 할 수 있겠다.

한양은 교육의 기회에서도 최고의 땅인 것이다. 예나 지금이나 여전히 다를 바 없는 모습에 살짝 씁쓸하다. 우리는 임진왜란 이후 손을 보지 않아 폐허가 된 경복궁을 먼발치에서 바라보다가 성균관 쪽으로 발길을 돌린다.

조선의 대학가에 푸줏간이라니

우리는 반교라는 돌다리 앞에 서 있다. 반교를 건너면 바로 성균관이다. 성균관은 조선의 국립 대학으로, 오늘날의 서울대학교에 해당한다.

반교 밑으로 반수(泮水)가 졸졸 흐른다. 반수는 성균관의 동쪽과 서쪽에서 흘러내린 물이 남쪽에서 합쳐진 것을 이르는 말이다. 중국 주나라 때 대학 주변에 물을 흐르게 한 전통을 따른 것인데, 조선은 제후의 나라라서 반만 흐르게 한 것이다. 아쉽게도 오늘날에는 아스팔트로 복개되어 볼 수가 없다.

우리가 서 있는 동네는 '반촌', 즉 조선의 대학가이다. 우리는 이 골목 저 골목을 얼씬거린다. 흠, 오늘날의 대학가와 크게 다르지 않다. 유생들을 위한 싸구려 하숙집과 자취집, 병든 유생들이 요양하기 위해 머무는 초라한 집, 성균관 입학시험을 치르기 위해 지방에서 올라온 시골 유생들을 위한 허름한 식당들이 처마를 맞대고 늘어서 있다.

현방

우리는 한 점포 앞에서 발걸음을 멈춘다. 현방(懸房)이 뭘까? 궁금한 마음에 안을 기웃거려 본다. 아, 현방은 무언가를 매단 곳이라는 뜻이구나. 여기서 그 무언가는 바로 쇠고기이다. 그러니까 현방은 고리에 건 쇠고기가 주렁주렁 매달린 푸줏간이다!

현방에 들어서자 누린내가 확 풍겨 온다. 우리는 주인을 살짝 훔쳐본다. 주인인 듯 보이는 사내의 옷차림은 도무지 현방이라는 장소에 어울리지 않는다. 사내는 울긋불긋 화려한 옷을 걸쳤는데, 저고리의 가슴팍은 풀어헤쳤다. 섬뜩하게도, 가슴에 칼자국이 여럿 나 있다.

아까부터 사내는 끝이 버선코처럼 치켜 올라간 살벌한 칼날을 숫돌에 쓱쓱 갈고 있다. 시퍼런 칼날들이 맞부딪치자 쨍그랑 소리가 난다. 사내는 천장에 매달려 있는 큼지막한 쇠고기 덩어리를 단숨에 끌어내리더니, 도마에 내려놓고 재빨리 비곗덩어리를 떼어 낸다. 그러고는 쇠갈비에서 살을 요리조리 발라낸다.

와, 칼을 다루는 솜씨가 보통이 아니다. 우리는 넋을 잃고 한동안 주인의 현란한 손놀림을 감상한다. 주인은 손님들에게 팔기 좋은 크기로 고깃덩어리를 자잘하게 잘라 놓는다.

우리는 잠시 헷갈린다. 조선은 농업 국가이고 쇠고기 먹는 것을 금지한 나라 아니던가? 게다가 여기는 조선 최고의 교육 기관인 성균관이 엎어지면 코 닿을 만큼 가까운 곳인데……. 저 가슴팍을 풀어헤친 사내의 정체는 무엇이며, 어떻게 해서 성균관 건너편에 푸줏간을 차리게 된 것일까?

사정은 이러하다. 한양에서는 반수 건너편에 사는 사람들을 '반촌 사람들'이라고 부른다. 신분은 성균관에 소속된 노비. 고려 말, 성리학을 도입한 안향이라는 학자가 자신의 사노비 백여 명을 성균관에 바쳤는데, 이 사노비가 바로 반촌 사람들의 조상이다. 그런 인연이 있어서 안향의 후손이 성균관에 입학하면 반촌 사람들은 자신들의 주인인 양 여기고 지극한 정성으로 섬긴다.

그건 그렇고, 이들이 푸줏간을 하는 이유는 무엇일까? 반촌 사람들은 성균관과 관련된 온갖 잡일을 하며 산다. 성균관에서 봄가을에 지내는 공자 제사, 성균관 유생들의 식사, 그 밖의 자질구레한 일을 맡고 있다. 특히 공자의 제사상에 올리는 고기와 유생들의 식사로 제공되는 고기를 공급하다 보니, 몇몇 반촌 사람들이 소를 도살하고 고기를 판매하게 된 것이다.

반촌 사람은 독특하다. 의협심이 강하고 죽음을 두려워하지 않는다는 소문이 자자하다. 반촌에서 가끔 싸움이 벌어지면 칼로 자신의 가슴을 긋고 다리를 찌른다. 주인 사내의 가슴에 있는 칼자국도 대수롭지 않은 싸움 끝에 스스로가 낸 상처일 것이다. 다른 동네에서 온 사람들이 싸움 장면을 보게 되면 온몸을 벌벌 떨며 고개를 절레절레 흔들기 마련이다. 그리고 반촌 사람들을 '사납고 미련한 족속들'이라고 경멸한다.

물론 현방에서 일하는 일부 사람한테만 해당하는 얘기다. 나머지 반촌 사람들은 매우 공손하며 점잖은 편이다. 서당 개 삼 년이면 풍월을 읊는다고 하지 않던가? 반촌 사람들은 어릴 적부터 성균관 옆에서 살면서 보고 들은 것이 공자님, 맹자님 말씀일 텐데, 어련할까?

"주인장, 이게 얼마 만이오?"

"여보게, 여기 국물 좀 더 주시게."

시골 유생들이 성균관 식당촌에서 밥 한 끼라도 사먹을라치면, 식당 주인한테조차 함부로 반말을 하지 못한다.

성 균 관 유 생 들 의 고 된 생 활

우리는 발길을 되돌려 성균관 쪽으로 향한다. 반교 어귀에 영조 임금이 세운 탕평비가 세워져 있다. 탕평비는 비각 속에 있어서 대낮인데도 잘 보이지 않는다. 우리는 눈을 가늘게 뜨고 탕평비에 새긴 글자를 하나씩 읽어 나간다. 한자 스무 글자 남짓 적힌 탕평비의 뜻은 이러하다.

두루 사귀고 사사로이 무리를 짓지 않는 것은 군자의 공평한 마음이요, 사사로이 무리를 짓고 두루 사귀지 못하는 것은 소인의 사사로운 뜻이다.

영조 임금은 이 스무 글자를 돌에 새겨 성균관에 내릴 정도로 성균관

서울특별시 성균관대학교에 있는 탕평비

을 탕평의 중심지로 생각한 것이다. 영조 임금의 뜻은 거룩하다. 그럼 실제 현실은 어떨까?

궁금증을 뒤로하고, 우리는 신삼문의 왼쪽 문을 통해 성균관 안에 들어간다. 성균관은 유생들을 가르치는 기능도 하지만, 크게는 공자 같은 선현의 제사를 지내는 역할도 한다. 우리는 공자를 제사 지내는 대성전을 지나 작은 문을 통해 명륜당 앞에 선다. 명륜당의 문은 닫혀 있지만 문틈 사이로 《대학》을 강의 중인 박사의 목소리가 들린다. 얼마 안 있어, 강의가 끝나자 유생들이 명륜당을 우르르 빠져나온다. 유생들은 동재와 서재 쪽으로 향한다.

명륜당을 가운데 두고 동재와 서재가 마주 보고 있다. 동재와 서재는 성균관 유생들의 기숙사다. 각각 14개씩, 모두 28개의 똑같은 방이 줄지어 있다. 야트막한 기단 위에 네모난 기둥이 늘어서 있는데, 방 앞으로 좁은 툇마루가 있고, 그 밑으로 섬돌이 있다. 섬돌에는 유생들의 신발이 단정하게 놓여 있다.

진사와 생원은 동재와 서재의 위쪽 방에 머물고, 아래쪽 두 방에는 사부 학당의 유생 중에서 특례 입학한 기재생들이 머문다.

봄바람이 좋은 날이어서 그런지, 유생들은 방의 뒷면에 있는 커다란 창을 활짝 열어 두고 있다. 우리는 창문 너머로 유생들을 유심히 살핀다. 강의가 끝나서 홀가분한 기분인지 다들 편안하게 쉬고 있다. 유생들은 네모난 유건을 머리에 쓰고, 목과 소매에 검은 테두리를 두른 옥색 행의를 입었다.

기숙사에서는 친한 유생끼리 한 방을 쓰도록 하고 있다. 그런데 이게 문제의 소지를 제공했다. 서재에는 노론 집안의 유생들이 모이고, 동재에는 소론과 남인, 소북 계열의 유생들이 섞이게 된 것이다. 따라서 붕당이 다르면 기숙사 방을 같이 쓰지 않으므로 애초에 친해질 기회조차 없다.

지금 서재에서는 '신방례'를 떠들썩하게 벌이고 있다. 신방례는 성균관에 처음 입학한 생원이나 진사가 유생들에게 한 턱 내는 것을 말한다. 이번에 새로 입학한 진사는 떵떵거리는 노론 집안의 자식이다. 혹시라도 자기 자식이 다른 유생들에게 괴롭힘을 당하지 않을까 하는 노파심에, 권세 있는 집안 자식이라는 것을 자랑하려는 마음이 더해져 진사 댁에서 보낸 하인들이 산더미같이 해 온 전이며 산적이며 떡을 나른다.

동재에서 서재 유생들을 비아냥거리는 소리가 들려온다.

"서재 녀석들 노는 꼬락서니라니!"

"노론 녀석들이 젠체하는 게 어디 어제 오늘 일인가?"

앞길이 창창한 유생들이 머무는 기숙사에도 붕당의 어두운 그림자가 짙게 드리워져 있다. 반교 어귀의 탕평비가 무색하다. 우리는 낯이 뜨거워져서 얼른 동재 서재를 떠난다.

명륜당 뒤로 건물이 보인다.

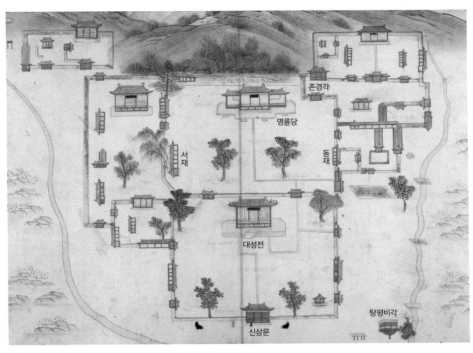

성균관의 구조와 배치를 한눈에 알 수 있다. 정중앙에 공자의 위패를 모신 대성전이 있고, 그 위쪽으로 교육실인 명륜당이 있다. 명륜당을 중심으로 좌우에 있는 세로로 기다란 건물이 동재(오른쪽)와 서재(왼쪽)이다. 성균관의 대사성이었던 이정보가 유생들과 함께 만든 그림이다.

존경각

성균관의 도서관이다. 안으로 들어가 보니 사방이 천장까지 닿는 책꽂이에 둘러싸여 있다. 눈대중으로만 해도 대충 만여 권이 넘는 책이 있다. 사서가 먼지를 뒤집어 쓴 채, 유생들이 반납한 책을 정리하고 있다. 그런데 아래층 책꽂이가 텅 비어 있네?

사서가 혼잣말로 투덜거린다.

"아, 유생들이 당최 책을 돌려주어야지."

과거 시험을 준비하는 유생들이 책을 빌려 가 놓고 반납하지 않으니 나날이 책꽂이가 텅 비어 간다. 예나 지금이나, 학교 도서관은 책을 제때 반납하지 않는 학생들로 골치를 썩는구나!

다음으로 우리가 들른 곳은 식당이다. 지금 식당 안은 텅 비어 있다. 하지만 아침저녁에는 유생들로 북적거린다. 식사 시간이 되면 생원은 동문을 통해, 진사는 서문을 통해 들어와 나이 순서대로 마주 보고 앉는다.

유생들은 엄격한 단체 생활을 한다. 특히 식사 시간을 엄수해야 한다. 식당직이라는 노비가 '도기'라는 출석부를 가지고 온다. 아침저녁으로 식당에 오는 것을 1점으로 매겨서 총점 300점 이상이 되어야 과거 시험에 응시할 수 있는 자격을 준다. 나중에 300점이 지나치다고 하여 기준 점수가 줄어들기는 했지만, 아무튼 유생들을 옥죄는 생활 규칙이다.

새벽녘부터 유생들은 동재의 가장 위쪽 방에서 둥둥 북을 치는 소리에 맞추어 생활한다.

"일어나시오."

"세수하시오."

식당에서도 노비의 구령에 따른다.

"밥 드시오."

"물 드시오."

"수저 놓으시오."

"일어나시오."

오전 10시에 명륜당에서 시작하는 강의도 노비의 구령에 따른다.

"모이시오."

이렇게 구령에 따라 일사분란하게 움직여야 하는 빡빡한 단체 생활을 좋아할 유생은 없다. 단체 생활을 견디지 못하는 유생은 반촌에서 하숙하거나 자취를 한다. 그럼에도 불구하고 대부분의 유생들은 어쩔 수 없이 성균관에 머무른다. 좋든 싫든 성균관에 머물러야 '성균관시'와 임금이 성균관을 찾을 때 보는 특별한 과거 시험인 '별시'를 볼 수 있는 기회를 노릴 수 있기 때문이다.

성균관시는 무엇이고 별시는 또 무엇일까? 성균관시를 알려면 먼저 복잡한 조선의 과거 시험 제도를 먼저 알아야 한다.

특혜받는 한양 유생들

조선 천지가 온통 과거 시험 타령이다!

성균관 유생들도 과거 시험, 사부 학당 유생들도 과거 시험, 지방 향교 유생들도 과거 시험, 아이나 젊은이나 늙은이나 과거 시험. 온 조선 사람들이 과거 시험 때문에 몸살을 앓고 있다. 도대체 과거 시험이 무엇이기에 떵떵대는 양반들조차 목을 매는 걸까?

과거 시험에 합격해야만 조선 사회를 이끄는 실질적인 지배층인 문신 관료가 될 수 있기 때문이다. 그래서일까? 조선 최고의 교육 기관인 성균관조차 인재 양성이라는 본래의 목적은 사라지고, 과거 시험을 준비하는 장소로 전락한 지 오래다.

조선의 과거 시험은 크게 문과와 무과, 기술직을 뽑은 잡과로 나뉜다. 그중에서 문신 관리를 뽑는 문과에 집중해 보자.

과거 시험은 생원과 진사를 뽑는 '소과'와 문관을 뽑는 '대과'로 나뉜다. 소과이든 대과이든 예비 시험인 초시를 거쳐야 본 시험인 복시를 칠

소과에 응시한 수험생들이 시험을 보고 있다. 우리가 생각하는 과거 시험장의 모습과는 달리, 사뭇 자유로워 보인다. 좋은 자리를 먼저 차지하려는 다툼이 치열해서 전문적으로 자리를 잡아 주는 선접꾼까지 등장했다고 한다.

소과와 대과에 합격한 사람에게 주는 백패와 홍패. 과거 시험에 최종 합격한 사람의 이름을 붉은색 종이에 써서 주는 관례는 고려 시대부터 시작되었다고 한다.

수 있다.

소과는 생원·진사 시험이다. 생원은 유교 경전을, 진사는 글 짓는 능력을 시험한다. 초시는 한양과 지방 향교에서 뽑는데, 한성시에서 생원 진사를 각각 200명씩 400명, 향시에서 각각 500명씩 1000명, 모두 합해서 1,400명을 뽑는다. 이렇게 초시를 통과한 합격자를 대상으로 본 시험 격인 복시를 봐서 최종적으로 생원과 진사를 각각 100명씩 뽑는다. 이렇게 200명 안에 들어 생원과 진사가 되어야만 성균관에 입학할 수 있다.

다음으로 고급 관리가 될 수 있는 시험인 '대과'는 '문과'라고도 하는데, 초시-복시-전시의 3단계 과정으로 이루어진다. 원칙적으로 소과 시험 합격자인 생원과 진사가 응시하게 되어 있지만, 일반 유생들도 시험을 볼 수는 있다.

대과의 예비 시험인 초시는 시험 보는 장소에 따라 성균관시 50명, 한성시 40명, 향시 150명으로 총 240명을 뽑는다.

휴우, 이제야 성균관 유생들이 보는 성균관시가 등장한다!

성균관시는 성균관에서 머무는 유생 중에서 아침저녁 식사 때마다 1점씩 받는 점수가 300점을 넘는 자를 대상으로 한다고 앞에서 이야기했다. 이 성균관시에 응시할 수 있는 특혜를 누리고자 성균관 유생들은 불편하고 엄격한 기숙사 생활을 하는 것이다.

다시 과거 시험 제도로 돌아가 보자. 대과의 초시 합격자에 한해서 복시, 즉 본 시험을 봐서 최종 합격자 33명을 뽑는다. 이후에 보는 전시는 33명 합격자들의 석차를 매기는 시험으로, 갑과 3명, 병과 7명, 을과 23명으로 순위를 정한다. 시험의 내용은 오늘날로 치면 논술 시험이나 비슷하다. 예컨대, 올바른 임금과 신하의 도리를 묻는다거나, 고급 관리로서의 자질을 따지는 문제가 출제되는 것이다.

장원 급제란, 과거 시험 최종 합격자 33명 중에서도 갑과에서 일등한 사람을 가리키니 그야말로 가문의 영광이 아닐 수 없다.

우리의 관심을 과거 시험에서 한양 사람들이 받는 특혜로 좁혀 보자. 사부 학당에 들렀을 때 말했지만, 과거 시험에서 갈수록 한양 사람들이 유리해졌다. 합격자 명단을 보면 소과 합격자의 35.2%, 대과 합격자의 43.04%가 한양 거주자이다. 그나마 위에서 말한 것은 3년마다 치르는 정규 시험인 '식년시' 이야기다.

그때그때 보는 별시에서는 한양 유생이 절대적으로 유리하다. 한양에 사는 유생이 아니고는 별시에 대한 정보를 제때 알기 힘

조선에서 보낸 하루

과거에 합격한 급제자가 임금이 하사한 종이꽃인 어사화를 머리에 쓰고 풍악을 울리며 집으로 향하고 있다.

들다. 게다가 정보를 알게 된들, 과거 시험을 보기 위해 시골 유생이 한양으로 급히 오려면 상상 이상으로 시간과 비용이 많이 드니 엄두를 내기가 힘들다.

그래도 별시니까 뽑는 인원이 적지 않겠냐고? 천만에, 별시로 뽑는 과거 시험 합격자의 숫자가 만만치 않다. 학계의 연구에 따르면, 조선 시대 전체를 통틀어 대과를 치른 횟수는 총 741회, 뽑힌 인원은 14,620명이라고 한다. 그런데 이 가운데 식년시에서 163회 6,063명을, 각종 별시에서 581회 8,557명을 뽑았다.

시험 횟수나 뽑힌 총 인원에서 별시가 식년시보다 오히려 많은 것이다!

별시 가운데는 임금이 봄과 가을에 성균관의 문묘에 참배하고 난 뒤 치르는 알성시도 있다. 알성시를 치르는 날에는, 성균관이 위치한 반촌 일대는 긴장감과 기대감으로 술렁거린다. 담당 관청에서 임금이 행차하기 전에 길을 깨끗이 청소하고, 반촌 어귀에서부터 반교까지 큰 길 양쪽에 흰 천으로 된 장막을 설치한다. 반교 근처에는 임금을 따라온 신하들을 모시기 위해 간이 천막을 설치한다.

이때쯤 되면 알성시를 치르기 위해 몰려든 응시생으로 반촌 일대가 북적인다. 시골 유생들은 시험 며칠 전에 한양에 도착해서 반촌 주변에 돈을 내고 머물 집을 구한다. 집 주인은 먹을거리와 잠자리를 제공하고, 한양 지리에 어두운 유생에게 필요한 물건을 사다 주기도 한다. 시험 당일에는 길 양쪽으로 세워진 천막과 과거 응시생들로 인해 걸음을 옮기기조차 힘들 지경이라고 한다.

알성시는 명륜당이나 비천당에서 치른다. 성균관에 온 김에, 알성시가 열리는 비천당 앞뜰로 가 보자. 오늘은 텅 비어 있지만, 알성시를 치르는 날에는 곳곳에 해를 가리는 일산이 세워질 것이다. 그리고 좋은 자리를 남보다 먼저 차지하려고 신경전을 벌이는 응시생들로 북적거리겠지. 하긴 아예 체격이 좋은 선접꾼을 고용해서 자리를 맡아 놓는 일도 허다하다니까.

알성시는 시험 당일 새벽에 과거 시험 문제인 '시제'를 내고, 두어 시간 시험을 치고 나서 임금이 직접 답안을 읽고 바로 합격자를 가린다. 오늘 알성시가 치러졌다면 지금쯤 합격자들이 기쁨의 소리를 내지를 시간이다. 물론 한켠에선 이번 시험에서도 떨어진 이들이 낙담한 얼굴로 고개를 푹 떨어뜨리고 있겠지만.

우리는 무거운 마음으로 성균관을 떠난다. 이제 그 지옥 같은 과거 시험을 통과한 합격자들이 일하는 궐내 각사로 발걸음을 옮겨 보자.

규장각 각신의 벅찬 나날

우리는 이른 새벽에 출근한 규장각 대교를 기억하고 있다. 규장각 대교가 출근한 길을 따라 창덕궁의 정문인 돈화문을 돌아, 옆으로 난 금호문으로 들어간다.

금호문은 신하들이 드나드는 문이다. 금호문을 지키는 장수와 병졸이 마네킹처럼 꿈쩍도 하지 않고 서 있다. 그 옆을 살살 지나서 창덕궁 안으로 들어간다.

반갑다! 능수버들아, 회화나무야, 느티나무야! 금호문 안뜰에 들어서자 연둣빛 새잎을 단 나무들이 오늘날과 똑같다. 남북으로 흐르는 명당수 위에는 아름다운 금천교가 두 칸 홍예(무지개 모양)를 틀고 가로놓여 있다.

우리는 금천교를 건너지 않고, 곧장 북쪽 뜰로 향한다. 동서로 난 행랑의 문을 통과하자 궐내 각사가 나온다. 궐내 각사란, 궁궐 안에 있는 관청을 말한다.

홍포와 청의를 입은 이들이 쉴 새 없이 오간다. 눈코 뜰 새 없이 바쁘게 돌아가는 관청 사람들에게서 정조 임금 아래 '조선의 르네상스', 즉 '조선의 문예 부흥기'를 맞고 있는 시대의 활기가 전해져 온다.

이문원은 궐내 각사 중에서 가장 큰 건물이다. 정면 다섯 칸에 팔작지붕을 한 당당한 건물이다. 엇, 이문원 뜰 앞에 측우기가 있네? 며칠 전 봄비가 내린 듯, 측우기 안에는 빗물이 차 있다. 벽오동나무 사이로는 암수 한 쌍의 학이 마주 보고 춤을 추듯이 우아하게 걷고 있다.

우리는 이문원의 바깥 기둥에 걸린 현판을 바라본다.

- 비록 대관과 문형일지라도 전임 각신이 아니면 당 위에 오르지 말라.
- 손님이 오더라도 일어나지 말라.

모두 정조 임금이 내린 글이다. 정조 임금은 조선 최고의 인재를 규장각 각신으로 뽑고, 각신들이 정치적인 외압으로부터 벗어나기를 바라서 이런 글을 내린 것이다. 규장각 각신들이 손님을 맞이하느라 시간을 허비하지 말고 자신의 일에 충실하기를 바라는 임금의 애틋한 마음이 담겨 있다.

이문원

정조 임금이 직접 쓴 글씨로 만든 편액이다. 편액은 종이, 비단, 널빤지 따위에 그림을 그리거나 글씨를 써서 방 안이나 문 위에 걸어 놓는 액자

창경궁과 창덕궁을 상세하게 묘사한 〈동궐도〉. 네모로 표시된 부분이 우리가 기웃댄 궐내 각사가 있는 곳이다.

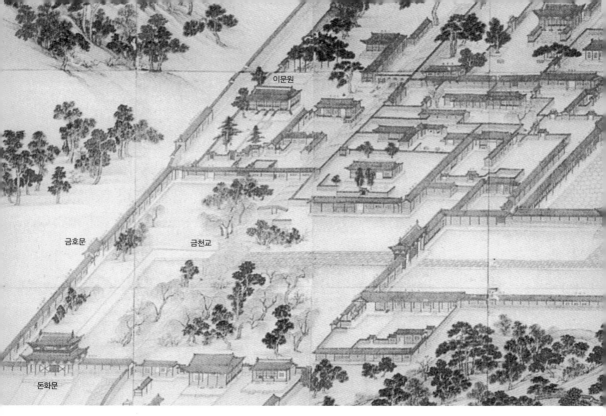

〈동궐도〉의 왼쪽 아랫부분을 확대한 부분도. 왼쪽 제일 아래쪽으로 보이는 문이 정문인 돈화문이고, 그 위로 조금 올라
간 곳에 있는 작은 문이 금호문이다. 금호문으로 들어가 북쪽으로 올라가면 보이는 건물들이 바로 궐내 각사인데, 그중
에서 가장 큰 건물이 바로 이문원이다.

를 말한다.

1776년 규장각을 세운 뒤, 정조 임금이 규장각 각신의 사무실로 만든 게 바로 이문원이다. 규장각은 왕립 도서관으로 출발했다가, 나라를 다스리는 데 보탬이 되는 학문 및 정책 연구 기관으로 바뀌어 갔다.

우리는 이문원 건물 안으로 들어간다. 현관에 규장각 각신들의 근무 규정이 적힌 현판이 세워져 있다. 정조 임금이 직접 내린 규정이다. 규장각 각신에 대한 특별한 관심과 애정이 느껴진다.

• 제학 이하는 매달 5일·10일·15일·20일·25일·30일에 근무하라.

- 봄과 여름에는 묘시(오전 5~7시)에 출근하고 오시(오전 11시~오후 1시) 에 퇴근하라.
- 가을과 겨울에는 진시(오전 7시~9시)에 출근하고 미시(오후 1시~오후 3시) 에 퇴근하라.
- 1781년 가을 9월 수교

천장에는 왼쪽과 오른쪽에 옥등 여섯 개가 매달려 있다. 여섯 개의 옥 등은 여섯 명의 규장각 각신을 상징한다. 규장각에서 일하는 제학 2인, 직제학 2인, 직각 1인, 대교 1인이다.

정조 임금 밑에서 규장각 각신들은 삼사(조선 시대 언론을 담당한 사헌 부·사간원·홍문관)의 관리보다도 오히려 청요직으로 인정되었다. 그래서 삼사에 속한 신하들은 규장각 각신들이 자신들의 영역을 침범한다고 끊 임없이 불평을 늘어놓곤 했다. 삼사의 영향력이 예전에 비해 쪼그라든 게 사실이긴 하다.

새 귀신이 된 규장각 대교

'우리 규장각 대교는 어디 있지?'

우리는 사무실을 두리번거리며 대교를 찾지만 눈에 띄지 않는다. 이때 이문원 동쪽 방에 빠끔 열린 문틈으로 일하는 사람들의 모습이 보인다. 문틈으로 방 안에 그득하니 배어 있는 묵향(향기로운 먹 냄새)이 새어 나 온다.

아하, 이들은 검서관이구나! 검서관들은 커다란 책상에 앉아 천천히

책장을 넘기고 있다. 각각의 검서관들 옆에는 커다란 벼루가 놓여 있고 갈아 놓은 먹과 쓰다 만 붓이 놓여 있다. 책상 옆에는 '필가(筆架)'가 세워져 있다. 크고 작은 붓을 매달아 놓은 붓걸이다. 검서관들은 가끔 붓을 들어 무언가를 끼적거린다. 검서관들끼리 머리를 맞대고 무언가를 의논하기도 하고, 격렬하게 토론하기도 한다.

검서관들은 어떤 일을 하는 것일까? 검서관은 규장각 각신을 도와 책을 검토해서 잘못된 부분을 고치는 교정 일을 맡고 있다. 오늘날로 치면 출판사에서 저자의 원고를 교정하는 편집자가 하는 일과 비슷하다.

검서관들이 밤샘 일을 하노라면 정조 임금이 갑자기 들이닥쳐서 떡이며, 과일이며, 닭고기·전복·양고기·대합으로 끓인 탕국 같은 진수성찬을 하사하곤 한단다. 이럴 때면 검서관들은 다 같이 고개를 조아리며 "성은이 망극하옵니다!"를 외칠 수밖에.

허걱! 살살 뒷걸음을 치며 조용조용 방문 앞을 지나가다가 얼마나 식겁했는지. 대낮인데도 어두컴컴한 복도에 웬 귀신같은 물체가 서 있는 게 아닌가? 아니, 아무래도 귀신은 아닌 것 같다. 대낮에 귀신이 궁궐 안을 돌아다닐 리는 없으니까.

그런데 얼굴에는 흰 분칠을 하고 다 떨어진 옷을 입은 사내가 이 방 저 방을 기웃거리고 있다. 허옇게 분칠한 귀신, 아니 사내의 얼굴을 자세히 들여다본다.

세상에! 근엄하신 규장각 대교가 아닌가? 어쩌다가 이런 일이 벌어진 거지?

잠시 뒤, 한 방에서 왁자지껄한 소리가 들린다.

"새 귀신은 혼쭐이 났나?"

조선 시대 관리들이 연회를 열었다. 호조 관리들의 모임인데, 중앙에 자리 잡은 위풍당당한 관리와 허리를 굽혀 예를 표하는 다른 관리들의 모습이 비교된다. 1550년 경의 그림이다.

"아직 멀었지. 기껏해야 오늘이 첫날인데?"

여기서 새 귀신은 새로 벼슬해서 관청에 온 신임 대교를 가리킨다.

"자네한테 명함은 돌렸나?"

"아니, 신임 대교가 뭘 몰라도 너무 모르네."

"쯧쯧, 아무것도 모르는 헛똑똑이일세."

"이참에 길을 제대로 들여야 선배들 말을 잘 듣지."

원래 신임 관리는 관청으로 출근하기 전에, 선배들의 집에 들러 명함을 들이밀어야 한다. 문전박대를 당하면 종에게 뇌물을 줘서라도 명함을 들이밀고 자신이 "이번에 새로 온 누구요." 하고 인사를 다녀야 하는 것이다.

곧이곧대로 살아온 대교는 이 절차부터 보기 좋게 빼먹었으니 선배들에게 밉보인 게 당연하다. 앞날이 편치 않을 게 불 보듯 뻔하다. 선배들은 신임 대교를 아예 유령 취급한다. 대교가 눈앞에 있어도 말을 걸기는커녕 돌아앉기 일쑤다. 그러다가 대교가 방에서 나가면 저들끼리 비웃고 놀리며 킥킥댄다.

이렇게 관청에서 하는 신임 관리의 신고식을 '면신례'라고 한다. 원래는 고려 말 권문세족의 어린 자제들이 부모의 권력을 믿고 마구잡이로 관직에 진출하자, 이들을 길들이기 위해서 선배들이 고안해 낸 신고식이다. 그런데 어째 날이 갈수록 신임을 고분고분 말 잘 듣는 이로 길들이는 수단이 되어 버렸다.

신임은 새로운 일을 익히기도 벅찬데, 선배들이 "이만하면 됐다." 하며 면제해 줄 때까지, 아침마다 선배들의 집에 일일이 인사를 다녀야 한다.

여기서 끝이 아니다. 인사치례가 끝난 뒤에는 산해진미와 술로 선배들을 대접해야 한다. 게다가 선배들이 주는 대로 벌주를 받아, 술이 약하더라도 단숨에 들이켜야 한다. 체면 따위는 던져 버리고 선배들이 하라는 대로 괴상하기 짝이 없는 막춤도 추어야 한다. 한겨울에 연못에 들어가라고 하면 이가 딱딱 부딪칠 정도로 추운 날에도 기어이 들어가야 한다. 선배가 죽으라면 죽는 시늉이라도 해야 하는 것이다.

이런 통과 의례를 거쳐야 비로소 동료로서 인정해 준다. 어느 사회나 텃세가 있기 마련이고, 뻣뻣한 새내기들을 길들이면서 공동체의 규칙을 전수해야 하긴 하지만, 지나친 길들이기에는 저절로 눈살이 찌푸려진다.

오늘날에도 대학이나 직장에서 새내기들이 선배가 권하는 술을 마시고 온갖 곤욕을 치르다가 사고가 나서 언론 매체에 오르내리곤 하는데……, 이 악습도 꽤 오래된 것이구나!

근무 첫날, 난생처음으로 험한 꼴을 당한 규장각 대교. 한나절이 며칠이나 된 듯 길게 느껴졌을 터이다. 대교는 식은땀을 흘리며 이문원 뒤뜰의 복사꽃나무 그늘 아래 털썩 주저앉는다. 새벽에 시원하게 측간을 다녀오는 정도로 첫 출근을 준비하다니! 세상 물정을 모른 대가를 톡톡히 치른 셈이다.

살랑대는 봄바람에 복사꽃 꽃비가 내린다. 우리는 나무 그늘 사이로 보이는 규장각 대교에게 마음속으로 응원을 보내며 이문원을 나선다.

어느 봄날의 꿈, 임금과 신하들

우리는 홍문관 앞을 지나 진선문을 통과해 인정전으로 간다. 인정전은 창덕궁의 정전이다. 인정전 앞뜰에는 양쪽으로 품계석이 줄지어 세워져 있다. 임금이 참석해 조회를 하거나 나라의 행사 때 품계에 따라 문반은 동편, 무반은 서편 품계석 앞에 줄 맞춰 선다. 그래서 문무관을 합해 양반이라고 부르는 것이다.

우리는 '에헴.' 하며 정1품 품계석 앞에 선다. 희한하게도, 품계석에 서니 여러 가지 복잡한 생각이 든다.

'조선의 관리로 산다는 것은 무엇일까?'

조선의 관리는 크게 문신계, 무신계, 내시계, 종친계, 잡직계로 나뉜다. 그러니까 문·무신뿐 아니라 내시나 종친, 천인에게도 품계가 있는 것이다. 품은 종9품~정1품까지 모두 18등급으로 나뉜다.

문신 중에서 정3품 통정대부라든가, 정5품 이조전랑(정랑과 좌랑을 합해서 일컫는 말)은 가끔 들어 본 적 있을 것이다. 문신 관리 중에서 4품 이상은 '~대부', 5품 이하는 '~랑'이라고 한다.

또 정3품 이상은 당상관, 그 이하는 당하관이라고 한다. 당상관이란, 조정에서 정사를 볼 때 당상(대청 위)에 올라가 의자에 앉을 자격을 갖춘 관리를 말한다. 당상관이란 왕과 함께 정치를 논하는, 조선을 움직이는 실제적인 지배층인 것이다.

조선의 인재들은 오로지 저 품계석에 서기 위해 치열한 과거 시험을 치른다. 특히 문신 당상관이 되기 위해 평생을 바친다. 우리는 인정전 뜰을 나오면서 품계석을 지긋이 바라본다. 질문이 자꾸만 떠오른다.

'장원 급제해서 가문의 영광이 되는 것만이 입신양명의 길일까?'

지금도 선거 운동 때만 되면 국회의원이나 도지사, 군수, 구청장 후보들은 국민을 위한 일꾼, 머슴이 되겠다고 호언장담한다. 하지만 정작 당선이 되면 으리으리한 자동차를 타고 거드름을 피우며 사리사욕을 채우

느라 바쁘다.

품계석 덕분에 이런저런 생각을 하며 걷다 보니, 어느덧 규장각 주합루의 정문인 어수문에 이르렀다. 눈을 들어 위쪽을 보니, 높고 가파른 언덕 꼭대기에 팔작지붕 건물이 당당하게 서 있다. 그 뒤로 창덕궁의 뒷산인 응봉이 보인다.

어수문 옆으로 '취병'이 설치되어 있다. 취병은 꽃나무의 가지를 틀어서 병풍처럼 뜰을 둘러싼 담장을 말한다. 푸른 나뭇가지로 엮은 자연 담장이라니. 혀를 내두를 정도로 아름답다!

팔작지붕 건물의 1층은 규장각, 2층은 주합루이다. 규장각은 수만 권의 책을 보관하던 왕실 도서관이다. 우리는 규장각 안을 살짝 들여다본다. 새파랗게 젊은 관리들이 열심히 글공부를 하고 있다.

저들이 바로 '초계문신'이다! 초계문신은 정조 임금의 정치적인 포부를 정책으로 뒷받침하는 두뇌 집단, 즉 요즘 말로 하면 '씽크탱크'다. 그 유명한 다산 정약용, 풍석 서유구도 초계문신 출신이다.

정조 임금은 서른일곱 살 이하의 젊고 유능한 관리들을 뽑아 재교육하는 초계문신 제도를 만들었다. 관리로서 할 일을 면제해 주고, 대신 규장각에서 책을 보며 연구에만 전념하도록 한 것이다.

대신 정조 임금은 친히 초계문신들을 대상으로 한 달에 두 번씩 구술고사를, 한 번씩 필답 고사를 봐서 평가했다. 그래서 성적이 우수한 신하에게는 초피(담비 같은 동물의 모피)나 후추 같은 상을 내렸다.

갑자기 건물 밖이 시끌시끌하다. 우리 눈앞에 꿈같은 봄날의 정경이 펼쳐진다. 주합루 앞의 부용지에서 정조 임금과 규장각 각신들, 각신들의 자식들이 배를 나눠 타고 있다.

정조 임금이 세운 규장각을 묘사한 그림. 입구인 어수문 옆에 나뭇가지로 엮은 담장인 취병이 보인다.

선발된 초계문신을 적은 명단. 오른쪽에서 다산 정약용의 이름을 찾아볼 수 있다.

정조 임금은 매년 봄, 각별히 사랑하는 규장각 각신들과 그 자식들을 궁궐로 불러, 같이 배를 타고 낚시도 하고 꽃구경도 하고 활쏘기도 하고 시 짓기도 하면서 임금과 신하의 우의를 두텁게 다지곤 했다.

창덕궁에서도 가장 아름답다는 부용지. 임금과 신하가 낚싯줄을 드리우고 시를 주거니 받거니 한다. 정조 임금이 먼저 시 한 구를 외자, 규장각 각신들이 돌아가면서 한 수씩 읊는다.

봄날 궁궐에서 임금의 은혜를 칭송하는 소리 드높은데
오늘 이 연못에서 훌륭한 임금과 현명한 신하가 잘 만났구나!

한 각신이 시를 읊자, 모두들 박수를 친다. 창덕궁의 어느 봄날은 조선 왕조를 부흥시키고 문화를 활짝 꽃피우겠다는 정조 임금과 규장각 각신들의 포부로 벅차게 빛난다.

그러나 정조 임금이 갑작스럽게 죽은 뒤, 규장각은 유명무실해진다. 세도 정치가 판을 치고, 민란이 일어나고, 외세의 침략이 노골화된다.

이 같은 왕조의 운명을 잘 아는 우리는 어느 봄날, 임금과 신하가 같이 꾸는 꿈이 애처롭게 느껴진다.

500년을 유지한 조선의 몸통

: 조선의 통치 체제

시정을 논하여 바르게 이끌고, 모든 관원을 살피며, 풍속을 바로잡고, 원통하고
억울한 일을 풀어 주고, 건방지고 거짓된 행위를 금하는 등의 일을 맡는다.

– 《경국대전》에서

조선은 한양을 도읍으로 정하고 유교 이념에 따라 나라를 다스리고자
했다. 위의 《경국대전》의 문구는 중앙 정치 조직 중, '사헌부'가 하는 일
을 나타낸 것이다.

중앙 정치 조직

조선의 중앙 정치 조직은 재상들이 합의하여 정책을 결정하는 '의정
부', 결정된 정책을 집행하는 '육조', 왕의 비서실인 '승정원', 왕에게 간
언하고 정사를 비판하며 관리의 비리를 감찰하는 '삼사(사헌부, 사간원, 홍
문관)', 죄인을 관리하는 '의금부', 역사를 편찬하는 '춘추관', 교육을 담당
하는 '성균관', 한양의 치안을 담당하고 전국의 호패를 관리하는 '한성부'
등이 있었다.

육조는 이조(내무), 호조(재정), 예조(교육과 외교), 병조(군무), 형조(형
률), 공조(토목)의 여섯 개 부서를 합해서 부르는 명칭이었는데, 이들 관
청이 경복궁 앞 대로에 늘어서 관청가를 이루었기 때문에 여기를 육조

창덕궁에서 관리들의 인사 평가를 하는 모습. 모든 관리는 일 년에 두 차례에서 네 차례 평가를 받았는데, 성적이 좋은 경우 승진을 했지만 나쁜 경우에는 파직을 당하기도 했다.

거리라고 불렀다고 한다.

지방 통치 체제

한양을 제외한 전국을 평안도, 함경도, 황해도, 강원도, 경기도, 충청도, 전라도, 경상도 8도로 나누었고, 그 밑에 군과 현을 두어 관찰사와 수령을 파견하였다. 중앙에서 파견된 수령의 권한은 상당히 높은 편으로, 행정, 사법, 군사 업무를 모두 담당하였다. 이로 인해 지방에 대한 통치력이 한층 높아졌고, 중앙 집권 체제를 강화할 수 있었다.

조선의 유교 이념을 바탕으로 한 중앙 집권 체제는 크고 작은 전란을 겪으면서도 기본 골격을 계속 유지했다. 500여 년의 기간 동안 왕조를 떠받치는 단단한 몸통이었던 셈이다.

You are here!

숙정문

백악산(북악산)

북촌

성균관

창의문(자하문)

혜화문

창덕궁

창경궁

인왕산

낙산

경복궁

백탑(원각사지십층석탑)

사직단

경희궁

육조 거리

종루

운종가

배오개 시장

흥인문(동대문)

돈의문(서대문)

청계천

소의문

광희문

숭례문(남대문)

칠패 시장

남촌

목멱산(남산)

마포 나루

때 : 정오(12시)
장소 : 한양 상공

공중에서 내려다본
한양의 봄

경복궁은 임진왜란 때 불탄 이후로 200년이 지났는데도 폐허 상태로 남아 있다. 우리는 얼른 경복궁에서 눈길을 딴 곳으로 돌린다. 한양을 빙 둘러싼 성곽과 사대문, 사소문이 그림처럼 한눈에 들어온다. '옛지도에서 보던 모습 그대로'라는 말처럼 똑같은 모습이 신기할 따름이다. 성곽에 둘러싸인 한양은 삐뚤삐뚤한 원형이다. 한양 도성을 둘러싼 내사산과, 멀리서 감싸는 외사산에 포근히 안긴 이중 분지 지형이다. 그리고 보니 내사산에 둘러싸인 분지가 조선 시대 한양 도성이라면, 외사산으로 둘러싸인 분지는 오늘날 서울특별시에 해당한다!

한양의 공중에 두둥실 떠서

해가 공중에 솟았다! 딸 대신 며느리를 내보낸다는 봄볕이 꽤나 따갑다. 정오쯤 되었을까? 우리는 정남쪽에 뜬 해의 위치로 시간을 어림짐작한다.

우리는 좀 엉뚱한 일을 시도하려고 한다. 한양 상공에 상상의 열기구를 띄우려고 한다. 열기구 따위는 시시하다고? 그럼 어린 시절 좋아했던 동화 《닐스의 모험》에 나오는, 하늘을 나는 거위 모르텐의 등이라도 좋다. 어쨌든 한양 도성을 공중에서 내려다보면 신날 것만 같다.

오늘은 구름 한 점 없는 날씨라서 시야가 확 트인다. 아아! 저절로 탄성이 나온다. 한양이 이렇게 아름다운 고장이라니!

봄날을 맞은 한양은 색채의 향연장이다. 한양을 둘러싼 백악산, 인왕산, 낙산, 목멱산의 연둣빛 신록이 더할 나위 없이 싱그럽다. 울긋불긋 봄꽃은 도읍지 곳곳에 점점이 흩뿌려진 보석 같다. 도성 안을 가로질러 흐르는 개천과 도성을 호위하듯 흐르는 한강물이 햇살에 금빛으로 반짝거린다. 도성 안에 비늘같이 겹겹이 늘어선 기와지붕과 초가지붕의 검푸른 빛과 샛노란 빛이 묘하게 어우러진다.

새벽녘에 인왕산의 푸르스름한 어둠 속에서 더듬더듬 위치를 확인했던 경복궁과 좌묘우사, 사직단 밑의 경희궁, 창덕궁과 창경궁이 훤히 보인다!

돈의문과 흥인문을 연결하는 동서로 난 큰길과 종각에서 숭례문에 이르는 정(丁)자형 도로가 뚜렷하다. 북쪽과 남쪽이 높고, 동쪽과 서쪽 양쪽이 낮은 데다가, 도성 안을 동서로 흐르는 개천의 방향이 도성의 동맥에 해당하는 큰길의 방향을 결정한 것이다.

경복궁은 임진왜란 때 불탄 이후로 200년이 지났는데도 폐허 상태로 남아 있다. 솔숲이 울울창창한데 경회루는 불타 없어지고 연못가에 돌기둥만 서 있어 쓸쓸함을 더한다. 광화문도 돌기둥만 남아 있기는 마찬가지다. 단청까지 새로 만든 말끔한 경복궁에 익숙한 우리에겐 충격적인 모습이다.

우리는 얼른 경복궁에서 눈길을 딴 곳으로 돌린다. 한양을 빙 둘러싼 성곽과 사대문(동서남북 순으로 흥인문, 돈의문, 숭례문, 숙정문)과 사소문(숙정문을 기준으로 시계 방향으로 혜화문, 광희문, 소의문, 창의문)이 그림처럼 한눈에 들어온다. '옛지도에서 보던 모습 그대로'라는 말이 우습지만 똑같은 모습이 신기할 따름이다.

성곽에 둘러싸인 한양은 삐뚤빼뚤한 원형이다. 한양 도성을 둘러싼 내사산과, 멀리서 감싸는 외사산에 포근히 안긴 이중 분지 지형이다. 그러고 보니 내사산에 둘러싸인 분지가 조선 시대 한양 도성이라면, 외사산으로 둘러싸인 분지는 오늘날 서울특별시에 해당한다!

우리는 18.2킬로미터의 한양 도성이 큰길과 작은 골목길, 고층 건물과 다닥다닥 지어진 빌라, 그리고 단독 주택에 의해서 여기저기에서 끊긴 모습을 숱하게 보아 왔다. 성곽을 한 바퀴 도는 '순성놀이'를 하려고 해도 성곽 길이 자꾸 끊겨 길을 헤매기 십상이었다.

하지만 오늘은 다르다! 한양 도성이 인왕산과 천연 바위 성돌, 백악산을 거쳐, 야트막한 낙산을 지나, 도성의 오간 수문과 이간 수문을 통과해서, 목멱산과 봉수대, 그 옆의 잠두를 거쳐, 도성의 서쪽 편평한 지대를 지나 다시 인왕산 쪽으로 '굽이굽이 이어진 모습'을 눈앞에서 보고 있다.

우리의 눈길이 흥인문에 머문다. 흥인문이 세워진 곳은 도성 안에서 가장 낮고 습하다. 이 점을 보완하기 위해 돌을 채워 넣는 기초 공사를 해서 기반을 높여 다졌다고 한다. 흥인문에만 반달 모양의 옹성을 둘러서 성문에서 외적의 공격을 막도록 했다. 그렇지만 임진왜란 때 흥인문을 통해서 왜군들이 쳐들어왔으니 기막힐 노릇이다.

아치 모양을 한 오간 수문과 이간 수문이 이채롭다. 개천물이 성 밖으로 나가는 수문이다. 아치 모양 수문이 오간 수문은 다섯 개, 이간 수문은 두 개로 구성되어 있다.

흥인문과 광희문 사이도 도성 안에서 지대가 낮은 곳이다. 한양을 둘러싼 네 산의 골짜기에서 모인 크고 작은 물줄기들이 개천을 흐르다가, 오간 수문과 이간 수문을 통해 성 밖으로 흘러나가 중랑천과 만난 뒤 다시 한강으로 흘러간다.

광희문은 물이 나간다고 해서 수구문(水口門)이라고 불렸으나, 서쪽의 소의문과 함께 도성 밖으로 시체, 즉 장례 행렬이 나가는 문이라서 시구문(屍口門)이라고도 불렸다.

서대문인 돈의문은 우진각 지붕에 단층으로 된 성문이다. 일제에 의해서 철거되어 지금은 볼 수 없다. 그런 만큼 돈의문을 바라보는 마음이 애

연꽃으로 유명한 남대문 밖 남지에 열두 명의 선비가 모여 연회를 열었다. 장원서라는 관아에서 연못을 관리했다는 기록도 전해진다.

틋하다. 어서 원래 모습대로 복원되었으면 하는 바람이 간절하다.

앗, 저 연못들은 뭐지? 숙정문을 제외한 세 대문 옆에 연못이 있다! 남대문 밖에 남지, 동대문 안팎에 동지, 서대문 밖에 서지다. 우리는 연꽃으로 뒤덮인 연못 위로 찰랑찰랑 아침 바람이 이는 것을 본다. 연꽃이 있어 연지라고도 불린다.

성문 밖에 연못이라니? 멋지다! 오늘날에도 연못을 다시 파고, 거기에 연꽃을 심으면 얼마나 멋질까? 숭례문 옆의 남지는 관악산이 불의 형상이어서 불기운을 막기 위해서 팠다고 전해진다.

서지는 세 연못 중에서 규모가 가장 크다. 서지 근처에 천연정이라는

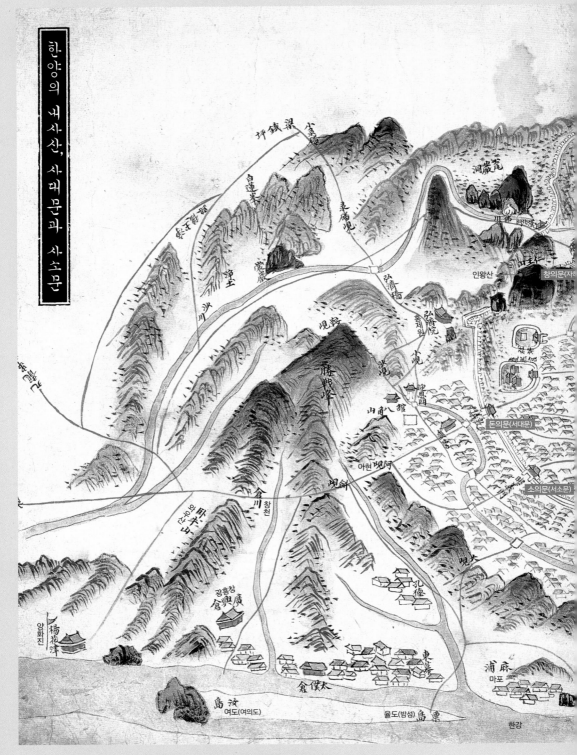

한양과 그 주변을 묘사한 19세기 전반에 만들어진 지도. 한양 도성 바깥까지 집들이 빼꼭하게 들어서 있는 걸로 미루어,
한양이 점점 커지고 있음을 알 수 있다.

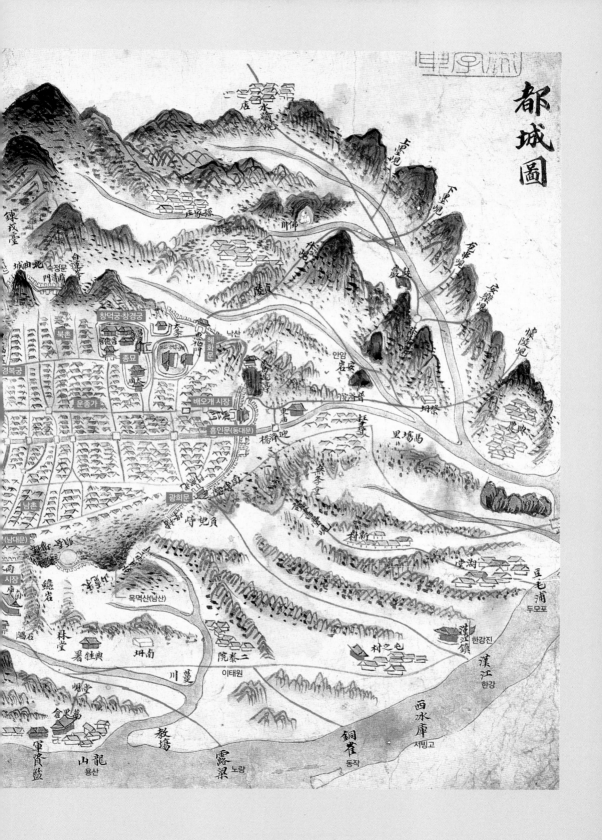

정자가 있어서 천연지라고도 불렸는데, 연꽃이 활짝 피는 여름에는 구경꾼들이 잔뜩 몰린다.

흥인문 안팎으로 연못이 두 개 있는데, 이것이 동지이다. 흥인문 안쪽의 연지가 있던 동네가 지금의 연지동이다. '동네 이름에도 작은 역사가 숨어 있다.'는 말이 실감난다.

세 연못은 장원서(조선 시대에 대궐 안에 있는 정원의 꽃과 과실나무 따위의 관리를 맡아보던 관아) 소속인데 여기서 나오는 연밥(연꽃의 열매)은 궁중에서 사용했다고 한다.

경화세족이 딸깍발이 동네에 사는 까닭은?

공중에서 내려다보니, 집들이 옹기종기 모여 있는 동네가 눈에 확 들어온다!

한양을 둘러싼 내사산 밑에 각각 동서남북으로 동네가 생겨났다. 백악산 밑에 북촌, 남산 밑에 남촌, 낙산 밑에 동촌, 서소문 밑에 서촌이다. 여기에 개천 위아래 동네인 중촌을 덧붙이면 한양의 주요 동네가 된다.

우리는 한양의 유명한 동네들을 굽어본다. 북촌은 경복궁과 창덕궁 사이의 동네를 말한다. 북촌에는 주로 떵떵거리는 노론이 산다. 그래서 그런지 고래 등 같은 기와집이 모여 있다. 궁궐과 관청이 가까이에 있어 편리하다. 게다가 산을 등지고 앞으로 시냇물이 흐르는 배산임수 지형이면서 아침 햇살이 집 안 깊숙이 들어오는, 양지바른 땅이다. 한양에서 가장 살기 좋은 동네라고나 할까?

우리의 눈길이 인왕산 서북쪽에 잠시 머문다. 북촌에 있는 대궐 같은 집들이 여기에도 늘어서 있다. 인왕산 기슭의 옥류·청풍·자하는 경치가 뛰어나 북촌 못지않은 명문가들이 모여 산다.

아, 저 집은 그 유명한 안동 김씨의 집이 아닌가? 이들이 사는 '자하동'이 줄어서 '장동'이 되고, 안동 김씨 대신 '장동 김씨'라고 불린 바로 그 집안이다. 19세기에 왕의 외척으로서 조정의 요직을 독점하고 정사를 마음대로 주무르는 등 세도 정치의 중심에 서게 되는 가문이다.

북촌과 인왕산 서쪽에 사는 경화세족의 집들은 한눈에 보기에도 넓고 호화롭기 이를 데 없다.《경국대전》에는 정2품 이상의 문무관이 사는 집은 마흔 칸을 넘지 못하도록 했고, 매끈하게 다듬은 돌, 공포, 단청도 쓰지 못하게 되어 있다. 하지만 그런 규정은 가볍게 무시한 지 오래되었다. 백 칸이 거뜬하게 넘어 보이는 집도 더러 보인다. 책을 두는 서고를 따로 둔 집도 꽤 있다. 솟을대문 옆 행랑채만 열 칸이 넘는 집도 수두룩하다.

이런! 중국풍의 건물도 보인다. 우리에게는 낯선, 붉은 담장에 벽돌을 쌓아 올린 둥근 문을 한 집이다. 하기야 오늘날 부자들 역시 누구도 엿볼 수 없이 높은 담장을 두르고, 외국에서 수입한 대리석으로 호화로운 욕실 바닥을 꾸미니까.

아, 조선의 정원에 빠지지 않는 것이 연못이다. 집집마다 네모난 연못을 파고 연꽃을 심어 놨다. 연못이 연잎에 뒤덮여서 마치 연밭 같다. 넌출진 연잎 사이로 흰 연꽃, 자줏빛 연꽃이 막 피기 시작했다. 규모가 큰 연못에는 석가산이라고 해서 돌을 쌓은 인공 산을 만들어 놓았다. 모양이 독특한 괴석을 수집해서 연못가에 두는 것도 유행인가 보다.

정원에는 종려나무, 회화나무, 소나무가 심어져 있다. 모란, 작약, 자목련, 흰 목련, 흰진달래 같은 꽃과 나무를 심어 두고 즐긴다. 이렇듯 검소와 절제를 미덕으로 삼은 조선 선비의 기풍은 사라진 지 오래다. 서로 앞을 다투어 집 안팎을 사치스럽게 꾸민다.

우리는 시선을 목멱산 밑 남촌으로 돌린다. 이곳은 남산골인데, 세력을 잃은 남인, 무반, 일부 소론이 모여 사는 곳이다.

앗, 저 집은? 새벽에 들른 경화세족의 집이 여기 있다! 왜 떵떵거리는 경화세족이 북촌이 아니라 가난한 딸깍발이(신발이 없어 맑은 날에도 나막신을 신는다는 뜻으로, 가난한 선비를 낮잡아 이르는 말)들이 자리잡은 남촌에 사는 것일까?

그건 바로 붕당 때문이다. 이 집안은 2대째 잘나가지만, 당색이 소론이기 때문에 북촌이 아닌 남촌에 사는 것이다. 영·정조 임금이 탕평책을 내세웠다고 해도, 조선 후기에는 당파에 따라 대대로 사는 곳도 달랐으며, 서로 혼인도 하지 않았다.

우리는 눈길을 동쪽으로 돌려 낙산 아래 동네를 바라본다. 동촌에는 소북, 서촌에는 소론이 모여 산다고 하지만, 뚜렷한 당색을 확인하기는 힘들다.

우리는 인왕산 서쪽 기슭으로 다시 눈을 돌린다. 그곳에는 경아전(중앙 관아에서 실무를 맡은 말단 관리, 중인 신분)이 모여 산다. 경아전은 자신들이 사는 인왕산 기슭을 서촌, 삼청동 쪽을 동촌이라고 불렀다. 요즘 우리가 서울에서 서촌이라고 부르는 곳이 바로 이곳을 가리킨다. 이곳을 달리 '우대'라고도 불렀다.

역관이나 의원 같은 중인들은 개천 위아래 중촌에 모여 산다. 특히 장통교와 수표교 일대에 집중적으로 중인들의 집이 있다. 중촌에는 시전 상인들도 산다. 시전 상인들은 종로 일대의 시전 거리에 모여 산다. 엄청난 부를 쌓아서 그럴까? 슬쩍 스치듯 집들을 훑어보아도 기와집에 집안 치레가 무척이나 화려하다. 출셋길이 막힌 중인들은 먹을거리나 집, 옷에 온갖 사치를 부렸다.

동대문, 광희문 일대에는 하급 군사들이 모여 산다. 이들은 나라에서 월급을 받지 못하자 채소를 키우거나 수공업을 해서 먹고 살았다. 훈련

북촌의 풍경. 명문가와 명승지들이 즐비하던 백운동을 묘사한 그림이다.

원(군사의 무예 시험, 무예 연습, 병서의 강습 따위를 맡아보던 관아)이 근처에 있다. 군사들이 키운 훈련원 배추, 왕십리 미나리가 유명하다.

성균관 근처 반촌에는 천민인 백정들이, 경복궁 서북쪽 효자동에는 궁궐 내시들이, 동대문 밖 연지동에는 국왕의 근위 무사들이 모여 산다.

한양의 신시가지, 성 밖 풍경

이제 성 밖으로 눈길을 돌려 보자. 성 밖으로 민가가 우후죽순 늘어난 것이 보인다. 숭례문-서소문-돈의문 구간에 집중되어 있다. 성 밖 근처에는 기와집들이 이미 마을을 이루었고, 멀리 떨어진 곳에는 초가집들이 많다.

한양의 주택 부족 문제는 정말이지 심각하다. 온갖 주택 문제로 골머리를 싸고 있는 인구 천만의 대도시 서울에 못지않다!

생각해 보라. 17세기 이후로 한양으로 사람이 몰리고 인구가 급격히 증가했다. 한양 도성 안에 수용할 수 있는 인구수는 대략 10만 명에 불과하다. 그런 한양으로 약 30만 명의 인구가 몰리게 되자 가난한 이들은 개천 밑에 움막을 짓고 살거나, 목멱산에 들어가서 나무를 베고 얼기설기 엮은 집을 짓고 살았다.

그래도 한계가 있다. 그러자 인구 증가와 더불어 어쩔 수 없이 도시 공간이 한양 도성 밖으로 확장되었다. 한양으로 이주해 온 사람들은 주로 마포나 서강에 몰려 살게 된다.

서강과 용산은 세곡 운송의 중심지이다. 마포 나루는 상품 유통의 중심지이자 한양에 있는 포구 중에서 염전, 싸전, 칠목전, 잡물전 등 가장 많은 시전이 늘어선 곳이기도 하다.

　이곳에는 일거리도 많고 사람이 몰리는 곳이니, 자연스럽게 새로운 취락이 형성된 것이다. 한양의 서쪽, 마포 나루는 짐을 싣고 내리는 배들로 활기를 띠고 있다.

공중에서 내려다본 한양의 봄

농사를 지어 부자가 되다
: 발전하는 농업 기술

전국으로 확대된 모내기

조선 전기에는 땅에 직접 씨앗을 뿌려서 기르는 직파법으로 벼농사를 지었다. 하지만 미리 모판에서 어느 정도 모를 기른 뒤 논에 옮겨 심는 모내기법이 발달하면서, 18세기 무렵에는 전국적으로 퍼지게 된다.

모내기는 여러 가지 이유로 농민들 사이에서 인기를 끌었다. 일단 노동력이 크게 줄어들었다. 직접 땅에 종자를 뿌려 기를 때에 비해 잡초를 제거하는 제초 작업 횟수가 절반 정도로 뚝 떨어졌기 때문이다. 또 모판에 모를 기르는 과정에서 좋지 않은 모를 미리 솎아 내고 건강한 모만 논에 심을 수 있었기에 수확량도 눈에 띄게 늘어났다.

물론 모내기를 할 때 적절한 양의 비가 내리지 않으면 한 해 농사를 온전히 망치기 때문에, 미리 농사에 필요한 물을 확보해 놓아야만 했다. 이로 인해 논에 물을 대는 수리 기술도 덩달아 발전하게 되었다.

김홍도가 그린 것으로 전해지는 18세기 작품인 《누숙경직도》 중 '모내기'를 하는 모습. 조선 후기에 어떤 방식으로 모내기를 했는지 한눈에 알아볼 수 있다. 중국에서 전래된 그림에 영향을 받아 인물이나 배경이 조금 낯설게 느껴지기도 한다.

상품 작물의 재배가 시작되다

상품 작물은 명확하게 구매할 고객이 있을 때 재배하게 된다. 혼자 먹기 위해 배추만 천 포기씩 재배하는 사람은 예나 지금이나 찾아보기 힘드니까. 조선 후기 도시 주변―특히 한양 도성―에서는 도성 안에 사는 소비자들을 겨냥해서 작물을 재배하는 농민들이 늘어나기 시작했다. 배추, 무, 미나리, 부추, 호박, 오이, 가지 등을 비롯해 마늘과 파, 고추 같은 양념거리도 길러서 팔았다.

백성의 삶에 관심이 많았던 정약용의 저서《경세유표》에 그리 크지 않은 밭뙈기에도 파나 마늘을 심어서 팔 경우, 많게는 수백 냥의 수익을 올릴 수 있다고 언급될 정도로 상품 작물 재배는 유행처럼 번져 갔다.

부농의 탄생과 흔들리는 신분제

모내기와 이모작(하나의 밭에서 일 년에 두 번 작물을 기르는 방식), 시비법(논과 밭에 사람의 대소변을 이용한 비료를 뿌리는 방법) 등 농업 기술이 발전하면서 수확량이 늘어나고, 상품 작물을 재배해 도성 안의 사람들에게 팔면서 농민들의 경제력이 눈에 띄게 늘어나게 된다.

부자가 된 농민들은 점점 자신의 땅을 넓혀 지주가 되었고, 이 과정에서 밀려난 농민들은 농사지을 땅을 잃고 일자리를 찾아 도시로 몰려들었다. 심지어 부농이 늘어나면서, 상대적으로 궁색한 집안의 양반층 중 일부는 부농의 소작농으로 전락하기도 했다.

농업 기술의 발전과 상품 작물의 재배는 부유한 농민을 탄생시켰고, 이는 신분제의 동요를 비롯한 조선 후기의 사회 변화로 이어지게 된다.

숙정문

백악산(북악산)

창의문(자하문)

북촌

성균관

혜화문

인왕산

창덕궁

창경궁

경복궁

낙산

사직단

백탑(원각사지십층석탑)

경희궁

육조 거리

종루

운종가

배오개 시장

청계천

흥인문(동대문)

돈의문(서대문)

소의문

광희문

숭례문(남대문)

칠패 시장

남촌

목멱산(남산)

You are here!

마포 나루

때 : 미시~신시(13시~17시)
장소 : 종루 주변 운종가 → 마포 나루

한양의 핫 플레이스,
운종가에서 만난 사람들

운종가는 오가는 사람들로 북적거린다. 한양 사람들은 주로 대낮에 운종가를 찾는다고 한다.

잠시 다리도 쉴 겸 사람 구경을 해 본다. 그런데 이상하게도 오가는 사람들 중에서 반가의 부

녀자는 눈에 띄지 않는다. 반가의 여인들은 노비에게 장 보기를 시키기 때문이다. 거리에서

아이들이 술래잡기를 하며 떠들썩하게 놀고 있다. 그 모습을 부러운 듯이 보는 사내아이가

있다. 몇 살이나 됐을까? 사내아이는 목에 엿판을 걸고 있다. 백당전에 소속된 소년 장사꾼이

다. 엿이 다 팔려야 놀 수 있을 텐데!

사람이 구름처럼 모이는 운종가

우리는 우뚝 솟은 백탑을 바라보며 부지런히 걷는다. 남산
에 있는 N 서울 타워가 서울을 대표하는 랜드마크라면, 백
탑은 한양을 대표하는 랜드마크이다!

백탑은 지금의 종로 2가 탑골 공원 안에 있는 원각사지
십층 석탑을 말하는데, 흰 대리석 탑이라고 해서 붙여진 이
름이다.

기와지붕 사이로 십층 탑이 높이 솟아 있어, 한양 도성
어디에서든 미끈하게 잘생긴 백탑이 보인다. 우리는 고층
건물의 숲에 파묻힌 초라한 백탑의 모습만 보고 살다가,
여기서 백탑의 진면목을 발견한다.

드디어 종루다!

우리가 늘 보던 종각이지만 와락, 반가운 마음이 솟
구친다. 종루의 창살에 달라붙어서 개수를 세고 있는
이는 영락없이 시골에서 올라온 구경꾼이다.

현재 서울특별시 종로구 탑골 공원 안에 있는 원각사지 십층 석탑

우리는 종루 네거리에서 진걸을 찾느라 주변을 두리번거린다. 우리는 아침나절에 경화세족의 며느리 한씨가 남종 진걸에게 이것저것 장을 보라며 돈을 준 사실을 기억한다. 진걸만 쫓아다니면 한양 곳곳의 저잣거리를 구경할 수 있을 것이다.

종루가 있는 시전 거리를 보통 '운종가'라고 한다. 태조 임금 때부터 사람과 물화가 구름처럼 흩어졌다 모인다고 해서 운종가라고 불렀다. 종루를 중심으로 동서 방향으로는 광화문 혜정교(지금의 광화문 우체국 자리)에서 흥인문까지, 남북 방향으로는 숭례문에 이르는 남대문 거리와 창덕궁 정문인 돈화문에 이르는 양쪽 거리에 시전 행랑(큰 거리 양쪽에 줄지어 세운 상점)이 늘어서 있다.

시전은 나라의 허락을 받은 상점이다. 한 가지 물품에 대해서 독점 판매한다. 그러다가 차차 한양 사람들이 필요로 하는 생활필수품과 기호품, 문구류, 사치품까지 판매하게 되었다. 독점 판매권을 갖는 대신, 궁궐과 관아에 필요한 물건을 대어 주고, 가게 세를 내고, 궁궐이나 관아 건물을 보수하는 등 국역의 의무를 진다.

17세기 후반에 들어서면서, 시전은 날로 늘어나는 길거리 '난전'과 경쟁하는 처지가 되었다. 난전은 나라의 허가 없이 불법으로 연 가게이다. 그러니 그동안 황홀하게 독점을 누리던 시전 상인들이 가만있을 리 없다.

결국 나라에서는 시전 상인들에게 난전을 단속하는 권리를 주었는데, 이게 바로 '금난전권'이다. 하지만 시전 상인들이 난전의 단속권을 남발하고 난전 상인들에게 자주 행패를 부리자, 좌의정 채제공이 건의를 해서 육의전을 제외한 시전의 금난전권을 폐지하는 조치를 단행한다. 이것이 바로 '신해통공'이다.

신해통공이라는 말이 어렵다고? 따지고 보면 쉽게 이해할 수 있다. 1791년 신해년에 통공(通共), 즉 '시전과 난전, 양쪽을 모두 통하게 한다.'는 뜻이니까. 나라에서는 신해통공의 내용을 한문과 한글로 써서 길거리와 성문에 내걸었다. 그동안 시전 상인들에게 물건을 빼앗기고 장사를 방해 받았던 난전을 비롯한 사설 시장들이 활개를 치게 된 것은 물론이다.

하지만 신해통공에 저항하는 세력도 만만치 않았다. 수백 명의 시전 상인들이 몰려와 채제공이 조정으로 가는 길을 막고 신해통공을 거두어 줄 것을 호소했다. 당시 수원 유수로 자리를 옮긴 채제공은 시전 상인들을 엄하게 꾸짖었다.

"온 나라 백성이 똑같이 군주의 자식이다. 행상이건 좌판이건 물건을 파는 일은 진실로 떳떳한 일이다. 시전에 이름이 올라 있지 않으면 제 물건을 팔아도 구속하거나 내쫓아서 도성에 발도 붙이지 못하게 하고 있으니, 어찌 이러한 도리가 있겠는가? 너희들도 백성이고 저들도 백성인데, 어찌 나라에서 차별을 하겠는가?"

채제공은 정조 임금을 만난 자리에서 이런 이야기를 전하며 설득하기도 했다. 시전과 난전 사이에 얽힌 복잡한 사연을 뒤로하고, 종루 건너편에 있는 선전 쪽으로 어슬렁어슬렁 걸어간다.

에누리 없는 장사가 어디 있소?

선전은 중국산 비단을 파는 점포이다. 우리는 샘플로 진열된 중국제 비단을 홀리듯 바라본다. 초록, 노랑, 빨강, 파랑, 보라색 비단들이 우아한 빛깔과 아롱진 무늬를 뽐내며 걸려 있다. 왕실이나 양반가의 옷을 짓는 데

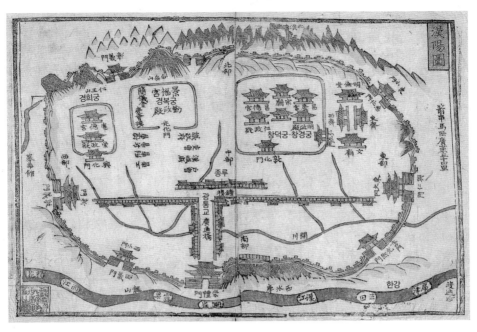

시전 거리가 잘 드러난 한양 지도. 지도 중간 'T'자 모양으로 보이는 건물들이 바로 죽 늘어선 시전의 행랑이다.

사용하는 중국산 비단이다. 최고급이며 값이 아주 비싸다. 우리가 언뜻 둘러봐도 시전은 물론이고 육의전 중에서도 가장 규모가 크다.

육의전은 선전(중국산 비단), 면주전(명주, 국산 비단), 면포전(무명과 은), 지전(종이), 포전(삼베), 어물전(생선과 건어물), 저포전(모시)이다. 여섯 가지 품목은 필요에 따라 그때그때 조금씩 달라졌다. 육의전은 서울 시전의 핵심으로서 규모가 제일 크고 국역도 가장 많이 부담했다.

운종가를 따라 시전 행랑이 쭉 이어져 있는데, 긴 직사각형으로 생긴 건물 하나를 방(房)이라고 한다. 선전에는 1방에서 7방까지 있는데, 1방에 10칸씩 있고, 한 칸마다 시전 상인이 한 명씩 있다.

어라? 얼추 계산해 봐도 선전 상인만 총 70명이나 된다! 서울의 어느

운종가를 복원한 모형. 양쪽으로 시전이 쭉 펼쳐져 있다.

시장에서 상인들이 사용한 도량형과 저울. 곡식의 양을 측정하던 되, 옷감의 길이를 측정하던 자,
물건의 무게 등을 재던 저울과 저울을 넣어 두던 보관함이다.

백화점이나 전문 시장이 여기에 비할까? 실로 입이 딱 벌어질 만큼 어마어마한 규모이다.

선전의 문 바로 앞에는 퇴청이라는 작은 방이 있다. 시전 상인은 퇴청에 방석을 깔고 양반다리를 하고 앉아 손님을 기다리는 중이다. 가게가 좁기 때문에 진열 중인 상품은 얼마 되지 않는다. 대신에 상품을 창고에 보관하고 있다가 손님이 오면 내놓는단다.

그때 선전 앞을 기웃거리며 진걸이 나타났다! 진걸은 건장한 체격의 남종 두 명을 데리고 있다. 오늘 장 볼 게 많으니 짐을 들게 할 생각인가 보다.

"무슨 물건을 찾습니까요?"

여러 명의 사내가 동시에 진걸에게 다가와 말을 건넨다. 저들은 여리꾼이다! 여리꾼은 운종가를 돌아다니는 손님을 시전으로 끌고 와서, 흥정을 붙여 거래가 성사되도록 도와주는 거간꾼이다. 우리는 흠칫 뒤로 물러서며 여리꾼과 진걸의 대화를 엿듣기로 한다.

"중국산 비단을 사러 왔소."

진걸이 대답하자, 여리꾼 중 한 명이 재빨리 선전의 시전 상인 쪽으로 간다. 여리꾼과 시전 상인은 나직한 목소리로 말을 주고받는다. 우리에게는 시전 상인의 말소리가 들리지 않는다. 그러다 여리꾼의 말소리만 간신히 알아들었다.

"탈여(脫女)."

여리꾼은 시전 상인에게 변어로 속닥거린다. 변어는 여리꾼과 시전 상인이 통하는 일종의 암호이다. 탈여란, 汝에서 女를 뺀 나머지, 즉 획수로 3을 말한다. 여기서는 비단 값 서른 냥을 가리킨다. 여리꾼은 시전 상인이 부른 원가에서 시전 상인의 이문 석 냥, 그리고 자신의 몫으로 한 냥을 더해 비단 가격을 정한다.

여리꾼이 진걸에게 비단 가격을 말한다.

"어허, 에누리 없는 장사가 어디 있소? 좀 깎아 주구랴."

진걸은 값을 깎으려고 흥정을 걸어 본다.

"이미 에누리된 가격이오."

진걸과 여리꾼은 값을 두고 밀고 당기는 흥정을 한참 벌이지만 진걸은 닳고 닳은 여리꾼을 당해 낼 수 없다. 옥신각신한 끝에 진걸이 여리꾼에게 동전을 건넨다. 시전 상인에게 물건 값을 주고 제 몫의 한 냥을 손에 쥔 여리꾼은 콧노래를 부르며 또 다른 손님을 찾아 운종가를 배회한다.

우리는 종이를 파는 지전 쪽으로 발걸음을 옮기는 진걸을 따라간다. 지전에서는 각 지방에서 나는 특산품 종이를 판다. 한양에서는 세검정 근처에 있는 '조지서'에서 백추지를 만든다.

백추지는 다듬이질이 잘 되어 섬유질이 고르고 희고 질긴, 질 좋은 종이다. 강원도에서 만든 설화지, 전북 순창에서 만든 상화지, 전주의 완지가 한양까지 와서 팔린다. 관공서에서 쓰는 관공지, 과거 시험 때 쓰는 시지도 있다.

진걸은 대감마님과 규장각 대교가 쓸 종이를 고르느라 진땀을 뺀다. 종이를 잘못 골랐다가는 불호령이 떨어질 게 분명하다.

망건 뜨는 노인

진걸이 종이를 고르는 동안, 우리는 시전 행랑 뒤쪽으로 발길을 옮긴

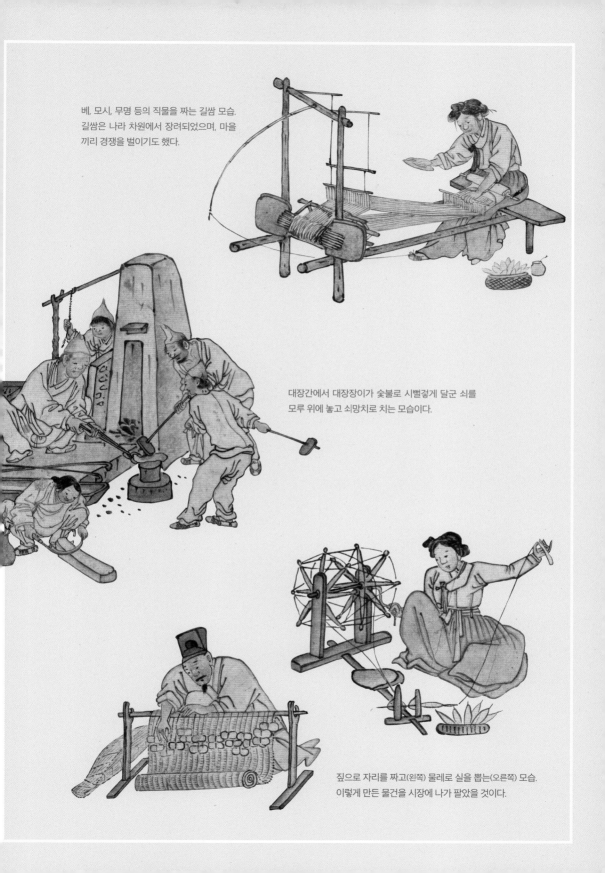

베, 모시, 무명 등의 직물을 짜는 길쌈 모습.
길쌈은 나라 차원에서 장려되었으며, 마을
끼리 경쟁을 벌이기도 했다.

대장간에서 대장장이가 숯불로 시뻘겋게 달군 쇠를
모루 위에 놓고 쇠망치로 치는 모습이다.

짚으로 자리를 짜고(왼쪽) 물레로 실을 뽑는(오른쪽) 모습.
이렇게 만든 물건을 시장에 나가 팔았을 것이다.

다. 시전 행랑의 뒤쪽에는 무엇이 있을까? 행랑 뒤편에는 수공업을 하는 작은 공장들이 빼곡히 들어서 있다. 놋그릇 공장, 모자 공장, 솥 공장, 금방·은방·옥방이 다 있다. 모두 민간에서 하는 공장들이다.

작은 공장에서 물건을 만들어 바로 시전에 공급할 수 있다는 점에서, 이런 민간 수공업 공장들이 시전 거리 근처에 몰려 있는 게 여간 편리해 보이지 않는다. 예전에는 관청에 소속된 수공업 공장만 있었는데, 대동법을 실시하면서 민간에서 하는 수공업 공장들이 크게 늘어난 것이다.

들창 너머로 망건을 뜨는 노인이 보인다. 우리는 노인이 온 정신을 쏟아 꼼꼼하게 망건을 짜는 모습을 넋을 잃고 지켜본다. 숙련된 솜씨가 대단하다! 저 정도 솜씨를 지닌 기술자가 우리 시대에 살고 있다면 세계적인 명품 브랜드를 만드는 '장인'이 될 것이다.

거리를 오가는 각양각색의 사람들

우리는 다시 운종가로 나왔다. 운종가는 오가는 사람들로 북적거린다. 한양 사람들은 주로 대낮에 운종가를 찾는다고 한다. 잠시 다리도 쉴 겸 사람 구경을 해 본다. 그런데 이상하게도 오가는 사람들 중에서 반가의 부녀자는 눈에 띄지 않는다. 반가의 여인들은 며느리 한씨처럼 노비에게 장 보기를 시키기 때문이다.

거리에서 아이들이 술래잡기를 하며 떠들썩하게 놀고 있다. 그 모습을 부러운 듯이 보는 사내아이가 있다. 열 살이나 됐을까? 사내아이는 목에 엿판을 걸고 있다. 백당전에 소속된 소년 장사꾼이다. 엿이 다 팔려야 놀 수 있을 텐데! 우리는 안타까운 마음에 저벅저벅 발소리가 나는 곳으로 애써 관심을 돌린다.

하인들이 붉은 주렴을 내린 가마를 흔들흔들하면
서 발 맞춰 메고 간다. 어머! 가마가 멈춘다.
머리를 곱게 빗어 넘긴 궁중 여인이 잠시
바깥을 내다본다. 궁중 여인은 화려한 족
두리를 쓰고 비단 옷을 입었다. 귀태가 줄줄 흐른다.
길 가던 아전들이 허리를 완전히 구부려 공손히 절을
한다. 우리도 얼떨결에 허리를 구부려 인사한다.

저 여인은 여염집에 무슨 볼일이 있어서 구중궁궐
을 나온 것일까? 우리는 호기심을 억누르기 힘들지
만 감히 물어볼 엄두를 내지 못
한다.

전모를 쓴 여인. 거들 치마를 입고 가리
마를 쓰고 있다. 아마도 기생이 아닐까?

씨름판 주변에서 사람들에게
엿을 파는 아이의 모습. 백당
전의 엿장수 소년도 이런 모
습이었을 것이다.

커다란 신발을 신고 걸어가
는 사람은 궁중 내시이다. 내시는 왜 저렇게 지나치
게 큰 신발을 신고 다니는 걸까? 큰 신발이 권위의
상징이라도 되는 걸까? 우리는 이유를 짐작할 수
없다.

커다란 전모를 쓰고 치마를 걷어 올리면서 주위
를 흘끔흘끔 곁눈질하는 사람은 기생이다. 장안의
한량들을 홀리려는 듯 아양을 떨며 걷는다.

앗, 저 여인은 누구지? 붉은색이 도는 검정 옷을
입고 바삐 걸어가는 저 여인.

오호라, 저 여인이 바로 '글월비자'이다. 오늘날

로 치면 여성 우체부라고 할 수 있겠다. 글월비자의 품안에는 왕비가 시집간 공주에게 보내는 편지가 있다. 궁궐에서 개인적인 문안 편지를 보낼 때는 글월비자가 편지를 배달한다. 글월비자는 궁궐에서 문안 편지를 받아서 공주나 옹주 집에 전달하고, 답장을 받아 오곤 한다.

시장에는 건들거리는 건달배도 있다. 건달배는 이빨 사이로 침을 찍, 뱉곤 한다. 우리는 괜스레 움츠러들어서 시선을 다른 곳으로 돌린다. 붉은 오랏줄을 허리춤에 찬 순라군은 소매치기를 잡으려고 사방을 두리번거린다.

사람 사는 곳은 어디나 똑같다. 시장에는 도둑놈, 소매치기, 장물애비들이 득실거리기 마련이다. 길거리 악사도 있다. 눈 먼 이가 거문고를 들고 구슬픈 곡조를 타고 있다. 주변에 동전이 수북이 쌓인다.

우리가 사람 구경, 공장 구경을 하는 동안, 진걸이 종이를 사 들고 지전을 나온다.

똥개들이 알려 준 피맛길의 비밀

"물렀거라!"

한낮에 웬 벽제 소리지? 높은 초헌 위에 걸터앉은 벼슬아치가 행차 중이다. 봄볕을 가리느라고 일산을 받쳐 들고 따라오는 노비가 몹시 숨을 헐떡거리면서 초헌을 따라잡으려고 애쓴다.

진걸은 성가신 벽제 소리를 피해 '피맛길'로 접어든다. 우리는 진걸을 뒤쫓는다. 운종가에 있는 시전 행랑은 운종가와 나란한 방향으로 끝없이 이어지는데, 시전 행랑의 뒤쪽에 양쪽 처마를 맞댄 구불구불한 피맛길이 이어진다.

피맛길은 고관대작들의 행차를 피해 백성들이 다니는 뒷길이다. 피맛길을 따라 기와집의 담장이 늘어선 주택가를 걷다 보면 '이문'이라는 작은 문이 나온다. 도둑을 막기 위해 동네마다 설치한 문이다.

이문을 지나면 다시 골목길이 나온다. 골목은 아주 비좁아서 지나가는 사람끼리 어깨를 부딪칠 정도이다. 주택가 골목은 다른 골목으로 이어지고 또 다른 골목으로 이어진다. 개중에는 막다른 골목이 있어 되돌아 나가야 할 때도 있다. 우리는 다리가 아파도 처마와 처마가 이어진 골목길을 걷는 게 몹시 즐겁다.

그런데 갑자기 아랫배가 살살 아프다. 이런! 아무리 둘러봐도 이 동네에는 측간이 없다. 도대체 여기 사는 사람들은 용변을 어디서 해결하는 거지?!

이때 밑이 터진 풍차바지를 입은 어린아이가 제 어미 손을 잡고 아장아장 걸어온다. 어미는 아이의 풍차바지를 벗겨 엉덩이를 든 채 길바닥에다 똥을 누인다.

헉, 믿을 수 없는 광경이 펼쳐진다. 골목을 어슬렁거리던 누런 똥개들이 달려들어 눈 깜짝할 사이에 아이가 싼 똥을 해치운 것이다! 세상에는 이렇게 설마, 하는 일들이 가끔씩 실제로 일어난다.

그리고 보니 골목 담장 옆으로 생활 하수와 빗물이 흘러나가는 배수로가 있는데, 배수로에 똥딱지가 닥지닥지 달라붙어 있다. 집집마다 작은 문이 벌컥 열리더니 요강의 똥오줌을 비운다. 배수로에 똥오줌을 그냥 흘려보내는 것이다.

우리는 아랫배가 아픈 것도 까맣게 잊고 똥 냄새에 코를 싸쥐고 도망치듯 골목을 빠져나온다. 진걸은 이런 일에 익숙한 듯 '이쯤이야!' 하는 표정으로 유유자적 피맛길을 빠져나간다.

골목을 황급히 벗어나서 숨을 크게 들이쉰다. 휴우, 이제야 살 것 같다.

문득 연암 박지원 선생이 쓴 《예덕 선생전》이 떠오른다. 예덕 선생은 실학자 이덕무의 벗으로 한양에 살면서 똥오줌 나르는 일을 하던 엄행수를 가리킨다. 당시 똥오줌은 농사를 지을 때 뿌리는 비료로 활용되었는데, 한양은 농사를 짓지 않는 도시라서 똥오줌을 배수로에 버리곤 했다. 그러다 한양 주변에 근교 농업이 발달하면서 비로소 도성 안팎의 논밭에 뿌리는 비료로 쓰이게 되었다고 한다.

한양의 대표 외식 메뉴, 장국밥

진걸이 남종들을 데리고 허름한 장국밥집에 들어간다. 밥집 부뚜막의 무쇠솥에서는 뜨거운 김이 연신 올라온다. 때늦은 허기가 몰려온다. 점심을 거른 배에서 꼬르륵 소리가 난다. 아침에 며느리 한씨가 점심을 사 먹으라고 진걸의 손에 동전 몇 닢을 쥐어 주었다. 조선 시대에는 대부분 집에서 밥을 해 먹었고, 외식을 하는 일은 매우 드물었다. 그리고 보면 주인댁은 노비들에게 인정스럽게 대하는 편이다.

이 음식점의 대표 메뉴는 장국밥. 장국밥은 설렁탕과 더불어 한양 사람들의 대표 외식 메뉴이다. 장국밥은 쇠고기 양지머리로 맑은 고깃국을 끓여서 청장(묽은 간장)으로 간을 맞추고, 그 장국을 뚝배기에 담아 김이 모락모락 나는 뜨거운 밥을 말아 낸 것이다.

진걸이 장국밥 세 그릇을 시킨다. 주문을 받자마자 주모는 능숙한 솜씨로 뚝배기에 뜨거운 밥을 담는다. 그러고 나서 커다란 국자로 장국을 뚝배기에 담았다가 다시 솥에 쏟아붓는다. 그러기를 서너 번 반복하고는 마지막으로 장국을 뚝배기에 철철 넘치도록 퍼 담는다. 그리고 먹음직스럽게 썬 대파를 고명으로 얹어 상에 턱, 내놓는다.

진걸은 뚝배기를 들어 후루룩후루룩 국물부터 마신다.

"시원하다!"

속이 확 풀리는 표정이다. 이제 숟가락을 들어 허겁지겁 국밥을 입에 몰아넣는다. 진걸은 장국밥집에서 배도 채웠겠다, 아픈 다리도 잠시 쉬었겠다, 구리개 약국으로 가는 발걸음을 재촉한다.

주막의 일상적인 풍경. 밥그릇 크기에 다시 입이 쩍 벌어진다.

구리개 약국에서 만난 수다쟁이 약주릅

구리개는 약국이 몰려 있는 고개를 부르는 말이다. 오늘날 서울의 을지로 1가 부근이다. 질척거리는 황토 고갯길이 멀리서 보면 구릿빛이라고 해서 붙여진 이름이다. 약국 거리에 들어서자 한약재 냄새가 코를 찌른다. 저잣거리 못지않게 이곳에도 사람들이 넘쳐난다.

명국

진걸은 약국 거리에서 쉽게 명 약국 간판을 찾는다. 자주 들러서 이곳 지리에 밝은 모양이다.

만병회춘, 신농유업

약국 앞에는 '만병회춘', 즉 '온갖 병이 낫는 곳'이라는 광고가 내걸려 있다. 아픈 이들한테는 귀가 솔깃하는 소리다. 언제 어디서나 광고에는 과장이 있기 마련인 모양이다.

진걸은 갈대로 만든 발을 두 손으로 헤치고 고개부터 내밀어 약국 안으로 쑥 들어간다.

"봉사님, 그간 안녕하셨소?"

"판서댁에서 왔구려?"

우리가 약사라고 부르는 이를 여기서는 '봉사(奉事)'라고 한다. 봉사는 망건을 쓴 중늙은이로, 늘 말을 입안에서 우물거리는 버릇이 있다. 진걸은 품에서 의원에게 미리 받아 놓은 처방전을 조심스럽게 꺼내어 봉사한테 내민다.

이 처방전은 유명 의원에게서 간신히 받아 낸 아주 귀한 것이다. 판서 댁이라도 유명 의원을 집으로 왕진 오게 하려면 가마로 모셔 오는 수고를 해야 한다. 그렇게 받은 처방전만 있으면 언제든지 몇 번이고 약을 지을 수 있기 때문에 처방전을 소중하게 다루지 않을 수 없다.

의원이 낸 처방전에 따라서 봉사들이 약을 짓는다. 아하, 그러고 보니 조선 시대에도 오늘날처럼 의약 분업이 이루어져 있는 셈이다.

사실 부유한 양반가에서는 시시때때로 질 좋은 한약재를 구해서 약장에 보관한다. 게다가 처방전도 지니고 있으므로 필요할 때마다 약재를 갖고 약국에 가서 약을 지어 달라고 요청한다. 그러면 약국에서는 약간의 수고료를 받고 약을 지어 준다.

봉사는 처방전을 주의 깊게 읽어 나간다. 초서체로 마구 흘려서 쓴 글씨가 영 알아먹기 힘든 모양이다. 어떻게 된 일인지, 예나 지금이나 의원들이 쓰는 처방전 글씨는 대부분 악필이다.

봉사가 처방전을 읽는 동안, 진걸은 약장을 휘휘 둘러보다가 눈이 번쩍 뜨인다.

"저 약은 삼용고!"

삼용고는 집 몇 채 값에 해당할 정도로 엄청나게 비싼 약이다. 인삼과 녹용을 넣어서 만든, 곪은 데 붙이는 고약이다. 이때는 상처가 곪아서 생긴 종

한약재를 보관하던 약장. 각 칸에는 약재의 이름이 적혀 있고, 아래쪽 중앙에는 귀한 약재나 극약을 보관하는 서랍이 달려 있다.

기 때문에 죽는 일이 흔했다. 삼용고는 그런 종기에 붙이는 특효약인 것이다.

봉사가 입을 뗀다.

"안방마님은 얼굴이 화끈거리고 잠을 잘 자지 못하니 갱년기 증세로세. 마님 약은 처방전대로 하면 되고."

봉사가 안경 너머로 진걸을 바라본다.

"대감마님 약은?"

진걸은 며느리 한씨가 미리 시킨 대로 의견을 말한다.

"대감마님은 보약 한 제를 지었으면 합니다."

"그럼 인삼과 녹용으로 보약 한 제를 짓지."

"요즘 대감마님이 잠을 깊이 못 주무십니다."

"흠……."

봉사는 보약에다 잠을 깊이 잘 수 있는 약재를 섞도록 약 짓는 이한테 지시한다. 대감마님의 보약이나 안방마님의 약은 사나흘 뒤에나 지어질 것이다.

"약값은 나중에 인편으로 보낸다고 하십니다."

인삼과 녹용같이 비싼 약재를 쓰면 약값이 거금이니 일단 외상으로 달아 둔다. 봉사는 말없이 고개를 끄덕거린다. 진걸은 아이들을 위한 회충약도 잊지 않고 챙긴다. 아이들은 회충 때문에 자주 배앓이를 하곤 한다.

여유가 있는 양반과 달리 일반 백성들은 몸이 아플 때 혜민서와 활인서를 찾는다. 혜민서는 가난한 백성을 무료로 치료해 주는 곳이다. 그 밖에 의원이 처방을 내리거나 약재를 파는 역할도 했다. 활인서는 가난한 백성이나 전염병 환자를 격리 수용하여 치료했다. 오늘날의 국립 병원에 해당한다.

18세기 중후반부터 혜민서와 활인서가 제 역할을 하지 못하면서 개인 의원과 약국이 우후죽순 늘어났다. 질 좋은 약재 중에서 궁중에 진상하고 남은 것이 민간으로 흘러나와서 팔리기도 했다. 지방에도 약재를 파는 시장인 약령시가 생겨났는데, 대구의 약령시가 가장 유명했다.

진걸은 회충약이 나오기를 기다리며 약국 마루에 엉덩이를 붙인다. 마루에는 어중이떠중이가 다 모여 있다. 한쪽에서는 정치 이야기가 꽃을 피운다.

"실은 사도 세자의 죽음에는 말이야……."

갑자기 목소리를 낮추고 자기들끼리 수군댄다. 나라님 욕부터 온갖 소문, 유언비어가 뭉게뭉게 피어난다. 다른 한쪽에서는 입담 좋은 약주릅(약재를 사고파는 일을 중개하는 이)이 사람들을 모아 놓고 옛사랑 타령이다. 이 약주릅은 사람들 앞에서 이야기를 술술 풀어내어 별명이 '이야기 주머니'다. 이야기의 줄거리를 대충 잡아 놓곤 거기에 살을 붙이고 양념을 쳐서 이야기를 풀어내니 듣는 사람들이 포복절도하거나 눈물 콧물을 훔친다. 손님들은 약이 나오기를 기다리며 심심하던 차에, 혹은 눕고 혹은 벽에 기대어 약주릅의 이야기에 귀 기울인다.

"어느 해 봄날이었지. 마침 한양의 약국에서 왜깽깽이풀 뿌리가 동나지 않았겠나? 내가 약재를 구하러 급히 동래에 가는데, 날은 어둡지 길은 멀지……. 그런데 산기슭에 웬 초가집이 있는 거야. 거기에 한 아리따운 아가씨가 혼자 있는 게 아니겠나? 나는 무턱대고 들어가 밥 한술과 잠자리를 청했다네."

"회충약 나왔어요!"

하필이면 이때 약방 아이가 외치는 소리가 들린다. 진걸은 엉겁결에 자리에서 벌떡 일어나 약을 챙기고 약국을 나선다. 늙은 약주릅의 희미한 옛사랑 이야기를 뒤로한 채.

개천 주변의 길거리 공연

진걸은 남종들을 데리고 개천 쪽으로 발걸음을 옮긴다. 오늘 심부름 중에서 중요한 서너 가지 일을 해치우자, 마음이 한결 가벼워진 모양이다. 오랜만에 시장 나들이를 나왔으니, 짬을 내어 남종들에게 개천 주변을 구경시켜 주려는 것이다.

"둥둥~, 딱!"

어디에선가 작은 북 소리가 들린다. 주위를 살펴보니 수표교 위에서 사당패 놀음이 한창이다! 사당패는 정처 없이 떠돌아다니며 재주를 부리고 춤과 노래를 하는 유랑 놀이 집단이다. 진걸과 남종들은 한달음에 그쪽으로 달려간다. 그 모습을 보니 구경이라면 사족을 못 쓰는, 영락없는 조선 사람들이다.

한 남사당이 작은 북을 치며 동시에 어깨춤을 추면서 소리를 한다.

"얼쑤!"

"잘한다!"

흥에 겨운 구경꾼들이 여기저기서 추임새를 넣는다. 진걸과 남종들은 구경꾼들 사이를 비집고 들어간다. 그 옆에서 다른 남사당이 높이 세운 장대에 거꾸로 매달려 온갖 재주를 부린다. 남사당이 거꾸로 매달린 채, 공 서너 개를 동시에 던졌다 받았다 하는 저글링 묘기를 선보인다. 우리

길거리에 시작된 사당패들의 놀음 장면. 노래로 흥을 돋우고, 자리를 뜨지 못하게 붙잡는 등 사당패와 구경꾼들의 다양한 모습을 보여주고 있다. 부채를 내어 구경꾼들에게 돈을 걷는 여사당이며, 관리들에게 바칠 상을 들고 가는 여종, 그리고 여종을 훔쳐보는 남정네들까지, 순간 포착한 조선 사람들의 표정과 행동이 흥미롭다.

는 그 모습을 지켜보면서 손에 땀을 쥔다. 남사당이 저글링을 끝내자, 박수갈채가 쏟아진다.

이때를 놓치지 않고 눈치 빠른 여사당이 구경꾼 사이를 돌아다니며 부채를 내밀자, 동전이 쏟아진다. 진걸도 동전 한 푼을 던진다. 역시 찬스에 강해야 한다!

남사당은 여전히 거꾸로 매달린 채, 두 팔을 휘저으며 감사의 표시를 한다. 또 한 차례 박수갈채가 터진다. 한바탕 놀이가 끝나자 구경꾼들이 뿔뿔이 흩어진다.

진걸을 따라 막 효경교를 지나는데 다리 밑에 움막이 늘어서 있다. 거지들이 사는 움막이다. 움막에서 거지들이 우글거리며 나온다.

"쯧쯧."

진걸은 거지 떼를 보자 혀를 끌끌 찬다.

"밥 한술 줍쇼."

거지들이 바라는 것은 오로지 따뜻한 밥 한술이다. 진걸은 옆의 남종들에게 큰 소리로 말한다.

"저렇게 빌어먹는 거지 떼보다는 노비 신세라도 열심히 일하고 따뜻한 밥 실컷 먹고 따끈한 방에서 두 다리 뻗고 자는 우리가 훨씬 낫지."

진걸의 말에서 은근한 자부심이 느껴진다.

사실 다리 밑 거지들도 처음부터 거지는 아니었다. 18세기에 농촌 사회에서 빈부 격차가 커지자, 농토를 잃게 된 백성들은 일부는 품팔이꾼으로, 일부는 도적으로, 일부는 정처 없이 떠돌며 빌어먹는 거지 신세가 되었다.

하지만 한양에 와야 빌어먹고 사는 거지 노릇도 할 수 있다. 향촌에는 거지가 없을뿐더러 거지를 구제하는 일도 없다. 하지만 정조 임금은 한양의 거지들에게 깔고 덮을 가마니와 옷가지를 주기도 했다.

이런 거지들을 한양 말로 '깍쟁이'라고 한다. 나중에는 이 말이 '서울 깍쟁이'라고 해서 인색하고 얄밉게 구는 서울 사람들을 가리키는 말로 변하게 된다.

거지들은 개천 다리 밑에서 모여 산다. 특히 효경교와 광통교 밑에 많다. 다리가 비바람과 추위를 막아 주는 넉넉한 지붕 구실을 하기 때문이다. 요즘은 그나마 거지들의 형편이 나아졌다. 예전에는 한여름에 장맛비가 퍼부으면 개천물이 넘쳐 애써 마련한 움막들이 둥둥 떠내려가기 일쑤였다. 거적으로 세운 움막이라도 한데서 자는 것보다는 백 배 나은데 말이다.

조선 후기에 한양으로 인구가 몰리면서 땔감이 부족해졌다. 그러자 한양 사람들이 한양 주변의 산에서 함부로 나무를 베어 땔감으로 썼다. 그러자 비만 오면 산에서 흘러내린 토사가 개천 바닥에 쌓이게 되고, 갈수록 개천 바닥이 높아졌다. 결국 수심이 얕아진 개천은 작은 비에도 쉽게 넘치게 되었고, 한양 시내는 자주 물에 잠기게 되었다.

1760년 영조 임금은 개천 바닥을 파내는 '준천' 공사를 대대적으로 벌였다. 다행스럽게도 그 뒤로 한양이 물바다가 되는 일이 줄어들었다.

"자, 자, 일하러 나가!"

거지들의 우두머리인 '꼭지딴'의 명령에 따라 거지들이 어기적어기적 거리로 나선다. 머리에 까치집을 지은 거지들이 빈 바가지를 들고 종로의 시전 거리로 동냥질하러 가는 것이다. 꼭지딴의 명령에 따라 일사분란하게 움직이는 거지들이 신기하기만 하다.

거지들은 꼭지딴을 우두머리로 조직을 갖추고 공동체 생활을 한다. 각자 구걸을 다니다가 저녁이면 움막에 모여든다. 그리고 동냥질해 온 걸로 자신들의 우두머리인 꼭지딴을 정성껏 받든다. 꼭지딴은 나름대로 편안하게 먹고 살 수 있었다. 거지들은 꼭지딴의 명령을 잘 따르지만, 꼭지딴이 의롭지 못하면 힘을 합쳐 내쫓기도 한다.

진걸은 거지 떼를 피해 가던 길을 재촉한다. 우리도 진걸을 놓칠세라, 얼른 따라나선다.

배오개 시장 입구에 다다르니 사람들이 웅성웅성 모여 있다. 진걸도 호기심에 걸음을 멈춘다. 우리도 궁금하다. 겹겹이 쌓인 사람들 틈새를 비집고 들어가 보니, 전기수(전문적으로 이야기책을 읽어 주던 사람)가 한창 《심청전》을 읽어 주고 있다. 마침 심청이 인당수에 빠지는 대목을 읽는 중이다.

> 한곳을 당도하니, 이는 곧 인당수라.
> 뱃전 머리 탕탕. 물결은 위르르, 출렁출렁.
> ⋯⋯[중략]⋯⋯
> "아이고, 아버지! 이제는 하릴없이 죽사오니, 아버지는 어서 눈을 떠,
> 대명천지 다시 보옵소서."
> 심청이 거동 봐라. 샛별 같은 눈을 감고, 치맛자락 무릅쓰고, 이리 비틀 저리
> 비틀, 뱃전으로 우루루, 만경창파 갈매기 격으로 떴다.
> 물에 가, '풍덩'.

이 대목에서 전기수가 읽기를 딱 멈추니, 듣던 이들의 애간장이 타들

씨름과 택견 시합이 열린 1785년 봄날의 풍경. 시합을 구경하는 사람들뿐 아니라, 주변에서 파는 잔술에
관심을 기울이는 사람들도 찾아볼 수 있다.

어 간다.

"심청이 어떻게 되었단 말인가?"

"얼른얼른 하라고!"

청중들이 아우성을 치며 동전을 던진다. 전기수가 다시 《심청전》을 읽기 시작하자 청중들이 쥐 죽은 듯 조용해진다. 전기수는 이렇게 화려한 입담으로 청중을 들었다 놨다, 쥐락펴락한다. 이들은 《심청전》, 《숙향전》, 《소대성전》 같은 국문 소설책을 감칠맛 나게 읽어 주는 대가로 얼마를 받아 생계를 이어 간다. 그는 동대문 밖에 산다. 한 달을 주기로 책 읽어 주는 장소를 동대문 쪽에 가까운 다리에서부터 종루까지 옮겨 다닌다.

진걸과 남종들은 《심청전》에 넋이 빠져 있다. 그러다 소달구지가 덜컹거리는 소리에 정신을 차리고 서둘러 배오개 시장으로 향한다.

채소는 배오개 시장, 생선은 칠패 시장에서

드디어 진걸은 동대문 못 미쳐, 배오개(이현) 시장에 이르렀다. 배오개 시장은 종묘의 오른쪽 동네와 그 아래로 종로 4가에 걸쳐 있는 시장이다. 와, 우리가 먹는 채소와 과일이 여기 다 있다!

과일전에는 형형색색의 과일이 빛깔을 뽐내고 있다. 장사치는 잣나무 가지를 들고 잎에 물을 듬뿍 적셔 과일에 물을 흩뿌린다. 금세 과일에 반짝반짝 윤기가 난다.

진걸은 찬거리로 쓸 성성한 채소를 고르는 중이다. 무, 배추, 미나리, 오이, 가지, 호박, 순무, 고추, 부추, 마늘, 파가 산더미같이 쌓여 있다. 새벽에 수확해서 내놓은 채소들이 싱그럽다. 이런 채소들은 우리가 조선 시대부터 먹어 온 것들이다.

진걸은 새파란 미나리를 가리키며 장사꾼에게 묻는다.

"이 미나리가 어디서 온 게요?"

장사꾼이 미나리 한 단을 들어 보인다.

"이 미나리는 청파에서 오늘 새벽에 온 것이오."

진걸은 청파란 말에 고개를 끄덕거리며 미나리 서너 단을 산다. 한양의 동네마다 채소가 나는 곳이 있다. 가령, 청파동의 미나리, 훈련원의 배추, 성 밖 왕십리의 무와 미나리, 이태원의 토란을 비싸게 쳐 준다. 진걸은 파, 마늘, 고추 같은 양념거리와 오이, 가지, 미나리, 호박 같은 나물거리를 잔뜩 산다.

그리고 약초를 파는 점포로 향한다. 진걸은 홍화(말린 잇꽃)를 한 움큼 산다. 안방마님의 어혈(응어리진 피)을 풀어 줄 약초이다.

배오개 시장에서 파는 채소와 과일과 약초는 한양 도성 안팎에서 재배된 것이다. 원래 한양 도성 안에서는 농사가 금지되어 있다. 하지만 한양의 인구수가 늘어나면서 찬거리를 찾게 되자 도성 안팎에서 채소 농업이 활발해졌다. 채소와 과일, 약초 농사가 짭짤한 돈벌이가 되자 양반 사대부 중에서도 채마밭을 가꾸는 이가 생겨날 정도였다.

배오개 시장에서는 돈벌이를 위해 근교 농업으로 수확한 채소와 과일, 약초를 판다. 1760년 무렵, 영조 임금이 배오개 근처에 민가의 수를 늘리기 위해서 시전 설치를 허가해 주어 새로 생겨난 시장이다. 오늘날 광장 시장의 전신이라고 할 수 있겠다.

싱싱한 찬거리를 산 진걸은 숭례문 밖 칠패 시장으로 걸음을 재촉한다. 칠패 시장 입구에 들어서자 비릿한 냄새가 확 풍겨 온다. 점심때가 지나서 장을 파하는 분위기다. 원래 한양 사람들은 새벽에 배오개 시장과 칠패 시장을 찾고, 낮에는 운종가 시전 거리를 간다.

칠패 시장에 들어서자 장대 끝에 매달아 놓은 조기, 가자미, 연어, 전어가 가장 먼저 눈에 띈다. 어물 가게에는 새벽에 올라온 신선한 민어, 도미, 준치, 갈치, 노어, 쏘가리, 숭어, 붕어, 잉어, 낙지, 소라, 새우가 좌판에 널려 있다. 한강에서 잡은 웅어도 보인다. 건어물 가게에는 쪼개 말린 생선이며, 말린 홍합, 멸치, 조개, 오징어가 산처럼 쌓여 있다. 명태를 말린 북어 꿰미도 줄줄이 매달려 있다.

진걸은 준치를 요리조리 살펴가면서 고른다. 진걸 옆에서 파닥파닥 살아 있는 생선을 구경하는 게 자못 흥겹다. 한양 사람들은 '썩어도 준치!'라면서 준치를 맛있는 생선으로 손꼽는다. 특히 준치국은 천하일품이다.

진걸은 준치 아가미를 열어 보기도 하고 생선을 손가락으로 눌러 보기도 한다. 그러고 나서 아가미가 선홍색을 띠고 있고 살이 탱탱한 걸로 고른다. 북어, 조개와 새우, 말린 홍합도 산다.

시장에 모인 각양각색의 사람들. 물건을 팔러 오는 사람, 구경 온 사람, 지나가는 사람 등 다양한 사람이 시장으로 모여들었다.

생선을 파는 어물전 앞에서 아이를 업은 아낙네가 광주리에 게를 놓고 팔고 있다. 진걸은 우는 아이가 불쌍해 보였는지 게를 넉넉하게 산다.

어물전으로 유명한 칠패 시장은 17세기 후반에 만들어졌다. 칠패란 이름은 여덟 패로 나눈 포도청의 순라 지역 중에서, 이곳이 남대문 밖에서 연지까지 순라를 도는 7패가 주둔하는 곳이라는 데서 유래했다. 오늘날에도 '칠패길'이라는 안내판이 붙어 있다.

'동부채, 칠패어(東部菜 七牌魚).'

조선 후기 배오개 시장의 채소와 칠패 시장의 어물이 유명하다고 해서 생긴 말이다.

우리는 진걸을 따라 다리품을 팔아 가며 18세기 한양의 3대 시장인 종루에 있는 시전, 배오개 시장, 칠패 시장을 돌아보았다. 진걸은 남종들을 앞세우고 집으로 돌아갈 채비를 한다.

우리는 다음 행선지로 발길을 돌린다. 우리가 갈 곳은 마포 나루이다!

흥청거리는 마포 나루로 가는 길

봄볕에 지친 우리는 꾀를 내기로 한다. 칠패 시장을 나오는 빈 소달구지 뒤에 몰래 올라탄다. 소달구지가 울퉁불퉁한 길을 따라 좌우로 흔들거리며 굴러간다. 이제 소달구지는 애오개길로 접어든다.

"덜커덩덜커덩."

"히힝~."

애오개길은 소수레가 굴러가는 소리, 말과 나귀가 우는 소리, 말발굽 소리가 뒤섞여 시끌벅적하다. 길에는 사람도 많다. 서로 어깨를 부딪치며 제 갈 길을 바삐 간다.

옹기를 잔뜩 짊어진 지게꾼이 힘겹게 걷는다. 머리에 광주리를 인 아낙은 떠돌아다니며 생선을 파는 행상이다. 등짐장수 부부는 멀리 시골에서 온 것 같다. 장터에 들렀다 돌아가는 가족은 어린아이를 소에 태우고 즐거이 간다. 찬은 없지만 집에서 따뜻한 저녁을 먹을 것이다. 길거리에서 뛰노는 아이들, 아기 업은 할머니, 책을 옆구리에 낀 유생…….

애오개길은 오늘날 지하철 5호선 애오개역에서 출발해서 공덕역을 지나 마포역에 이르는 구간이다. 예전에 말과 수레가 다니던 길이 그대로 지하철 노선으로 바뀐 것이다. '작은 역사는 작은 길에서도 지속된다.'는 말이 실감난다.

드디어 넘실거리는 한강이 보이기 시작한다. 소달구지로도 한참을 달린 뒤였다. 우리에게는 마포 대교가 없는 한강이 상당히 낯설다.

맑디맑은 한강 물이 모래톱에 가볍게 부딪혀 찰싹거린다. 한낮에 내리쬐는 햇빛에 모래톱이 금색으로 빛난다. 모래알이 곱디곱다. 그냥 식수로 퍼서 마셨다는 깨끗한 한강 물과 황금빛 모래톱이 어우러진 경치가 숨 막힐 정도로 아름답다. 오늘날 시멘트로 뒤덮인 잿빛 인공 둑과 한강 변에 세워진 콘크리트 아파트 숲을 떠올리니 갑자기 우울해진다.

"아, 저기가 마포 나루구나!"

한양 지리에 어두운데도 한눈에 마포 나루를 알아볼 수 있다. 첫인상이 뭐랄까? 나루터 전체가 흥청거린다고나 할까? 들뜬 분위기라고나 할까? 아무튼 생기가 넘쳐흐른다.

참, 나루와 나루터는 의미가 약간 다르다. 나루는 나룻배들이 강을 건너는 양쪽 지점을 말하고, 나루터는 배가 닿고 떠나는 곳을 뜻하니까.

한강에 밤섬이 보인다. 오늘날 사람이 살지 않는 것과 달리, 조선 시대 밤섬에는 초가집이 있고 사람도 살고 있다. 마포 나루터에는 기와집과 기와집이 지붕을 맞댄 채 끝없이 펼쳐 있다. 간간이 초가집도 섞여 있다. 한양 도성 안 못지않은 대규모 촌락이다. 물론 조선 후기에 새로 생겼다.

한양에 오는 배가 들르는 곳이니만큼 사람과 상품이 모이고, 돈이 돌고 도는 곳이다. 당연히 술집과 음식점도 널려 있다.

이럴 수가, 한 술집 마당에는 천여 개쯤 되는 항아리가 늘어서 있다!

된장, 간장, 고추장 항아리일까? 아니, 마포는 새우젓으로 유명하니까 새우젓 항아리일지도 모르겠다.

천만에! 항아리 뚜껑을 열어 보니, 술 익는 냄새가 코를 찌른다. 딴 항아리도 마찬가지. 모두 술을 빚어 놓은 항아리들이다. 술 항아리 숫자만 봐도 흥청거리는 마포 나루의 분위기를 짐작할 수 있다. 하루 일을 마치고 나면, 마포 나루에서 일하는 상인들, 품삯을 받고 일하는 일꾼들이 술집에 모여 하루의 피로를 풀 것이다.

강가에 정박해 있는 돛단배들은 뱃머리를 서로 잇대어 놓은 채, 무수

강화도에서 한강 상류까지 뱃길이 잘 드러나도록, 위에서 내려다보듯 그린 〈경강부임진도〉. 뚝섬에서 양화진까지를 '경강'이라고 불렀다. 중간쯤 보이는 성벽으로 둘러싸인 도시가 바로 한양이다. 한강을 따라 우후죽순으로 민가가 들어섰음을 알 수 있다.

한 돛대들로 하늘을 찌를 기세이다. 돛을 내리는 선원, 일꾼들에게 호령하는 선박 주인, 짐을 부리는 짐꾼들이며 짐을 나르는 지게꾼들이 돛단배 사이사이에 엉켜 있다. 강을 건너는 나룻배도 여럿 보인다. 뭍에서는 수레와 말이 짐을 기다리는 중이다. 지게꾼들도 삼삼오오 모여 있다.

　마포 나루는 '경강(京江)'에서도 전국의 배들이 모이는 중심지이다. 경강이란, 한강의 물줄기에서 한양을 통과하는 부분을 말한다. 동쪽으로는 뚝섬 나루에서 서쪽으로는 양화 나루에 이르는 한강 일대를 아우른다. 경강 일대는 서해에서 한강에 이르는 수로 교통의 중심지이자 한양으로 들어가는 관문이기도 하다. 경강의 여러 나루터는 그런 이점을 활용해서 조선 후기 한양의 상업 중심지로 떠올랐다.

　경강을 통해서 들어온 상품은 조선 최대의 소비지인 한양 도성 안으로

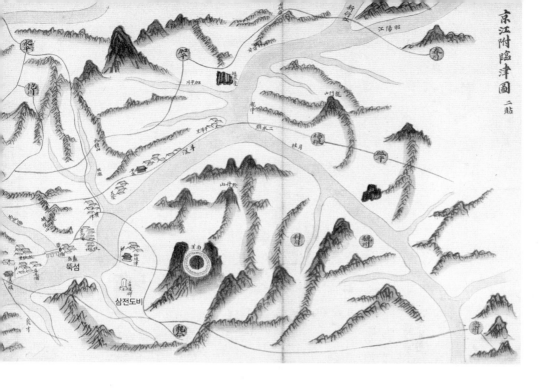

공급되었다. 그뿐 아니라 일단 한양에 모인 상품들은 물건 값의 차액을 노리고 전국 방방곡곡으로 흩어져 팔려 나갔다. 경강은 상업의 중심지이자 유통의 중심지이기도 한 것이다.

상업 중심지가 된 나루터는 계속해서 늘어났다. 조선 전기에는 3강으로 꼽히는 용산강·서강·한강뿐이었다. 하지만 18세기 후반에 용산강·서강·한강·마포·망원의 5강으로 늘어났다가, 후에 두모포·서빙고·뚝섬이 합해지면서 8강으로 늘어났다.

게다가 농촌을 떠난 백성들이 한양으로 몰리면서 상당수가 마포나 서강 주변에 정착했다. 경강 주변의 인구가 엄청나게 늘어난 건 당연한 일.

"얼굴이 까맣게 탄 사람은 마포 새우젓 장수이고, 목덜미가 까맣게 탄 사람은 왕십리 미나리 장수이다."

조선 후기 한양 사람들 사이에서 유행한 말이다. 서쪽 마포에서 오는 새우젓 장수는 아침에 햇빛을 정면으로 받으면서 도성 안으로 들어오니 얼굴이 까맣게 타고, 동쪽 왕십리에서 오는 미나리 장수는 아침 햇빛을 등지고 도성 안으로 들어오니 목덜미가 탄다는 뜻이다.

전라·경상·충청의 삼남 지방에서 한양으로 올라오는 세곡은 용산과 서강으로 가고, 그 밖의 상품은 마포로 몰린다. 마포는 젓갈, 소금, 생선, 건어물로 유명하고, 뚝섬과 두모포는 목재와 땔감, 숯이 주로 모인다.

경강에서 활동하는 상인은 다양하다. 조선 후기에는 경강에도 시전이 설치되었다. 처음에는 시전 상인들이 금난전권을 등에 업고 활개를 쳤지만, 곧 여객 주인들이 경강을 주름잡게 되었다. 여객 주인, 즉 객주들은 상품을 보관해 주는 창고업과 숙식을 제공하는 여관업을 함께 했다. 그리고 상품의 매매를 주선한 대가로 이문을 얻었다.

경강의 객주들은 주로 마포 나루에서 영업을 시작했다. 그러다 점점 자본을 축적하면서 '강상대고'라는 대상인으로 성장해 갔다. 그 밖에 경강 선인(뱃사공)은 배를 부려 세곡의 운송을 담당했고, 경강 선상(배에 물건을 싣고 다니며 파는 사람)은 우월한 수송 능력을 토대로 지역 가격 차를 이용해서 상품을 유통시켰다.

이런 경강 상인들의 강력한 무기는 매점매석이다. 쉽게 말해서 '사재기'라고나 할까? 물건 값이 쌀 때 왕창 사 두었다가, 물건 값이 오를 때 내다 파는 것이다. 박지원의《허생전》에서 허생이 쓴 수법과 흡사하다.

사실 경강 상인뿐 아니라 배오개 시장과 칠패 시장 상인들도 사재기를 일삼았다. 특히 경강 상인은 행수를 두어 조직적으로 사재기를 한다. 경강 상인들의 주 무대인 한강변은 각 도의 물산이 모이는 곳이라서 각

압구정동 부근 한강변의 풍광. 지금은 찾아볼 수 없지만, 조선 시대에는 한강변에 유명한 정자가 있었다고 한다. 압구정 뒤, 오른쪽으로 남산과 소나무가 보인다.

종 정보에 밝을 수밖에 없었다. 그러다 보니 시전 상인보다 물가의 시세를 빠르고 정확하게 파악할 수 있었고, 이는 곧 사재기로 이어졌다. 심지어 정조 임금 때에는 경강 상인이 한양에 반입되는 장작과 숯을 사재기해서, 사흘이나 품귀 현상을 빚기도 했다.

마포 나루 너머로 서서히 해가 진다. 도가니처럼 들끓던 마포 나루가 점차 조용해진다. 마포 나루 장사꾼들의 바쁜 하루가 끝나 간다.

해질 녘 한강이 붉게 물든다.

돈이 돌고, 물건이 넘치는 세상

: 조선 후기 상공업의 발달

상품을 만들고 작물을 재배하다

대동법이 전국적으로 시행되면서, 상품 경제가 발전하기 시작했다. 현물을 나라에 납부할 필요가 없어지면서, 농민들은 돈이 되는 지역 특산품 또는 상업 작물을 재배하기 시작했다. 대표적인 작물로는 인삼, 담배, 목화 등이 있었다. 또 한양 안에 사는 주민들을 위해 재배한 채소나 찬거리도 시장에 나오는 족족 팔려 나갔다.

이렇게 상품을 사고파는 상품 경제가 발달하고, 도시 인구가 늘어나면서 수공업도 활기를 띠었다. 나라에서 사들이는 물건뿐 아니라, 스스로 시장에 내다 팔기 위해 상품을 만드는 경우가 부쩍 늘어난 것이다. 이렇게 생산된 물건들은 보부상을 통해 전국 각지의 장시에서 판매가 되었다.

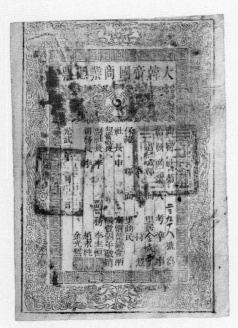

1899년에 발행한 보부상 임명 증서. 증명서를 받으려면 일정 금액과 보증인이 필요했다. 기한은 일 년이었다.

장시가 생기고 화폐가 유통되다

18세기 무렵에는 전국적으로 천 개가 넘는 장시가 들어서 대부분 5일장으로 운영되었는데, 물품과 재화가 모이는 거점에서는 상설 시장으로 발달하기도 했다. 한양 부근의 송파와 칠패 시장, 전라도 전주와 경상도 안동 등지에는 큰 시장이 형성되었다.

이렇게 상공업이 발달하면서 대규모 자본을 동원하여 물건을 독점하고 막대한 이득을 올리는 거상들이 등장했는데, 서울의 경강상인, 개성의 송상, 의주의 만상 등이 유명했다.

장시가 열리고 상업이 활발해지면서 효종 때 발행하기 시작한 화폐인 '상평통보'의 사용 역시 늘어났고, 품삯을 지불할 때나 세금을 납부할 때에도 동전이 사용되었다. 대규모 거래에서는 신용을 통한 어음이 발행되기도 했다.

하지만 부유한 상인이나 지주들이 동전을 사용하지 않고 재산 축적을 위해 집에 쌓아 두기만 해서 시중에 동전이 없어지는 사태가 종종 벌어졌고, 고리대금업이 성행하여 농민들의 피해도 점차 커졌다.

조선 후기에 들어서 농업 생산력이 늘어나고 상공업이 발달하면서 굳건하던 신분제에도 조금씩 변화의 바람이 불기 시작한다. 부자가 된 농민이 족보를 사거나 위조해서 양반 행세를 하기도 하고, 땅을 잃은 양반이 날품팔이를 하는 경우가 생겨난 것이다.

상공업의 발달이 사회의 변화를 일으키고, 이는 곧 실학이 등장하는 계기가 되었다.

You are here!

숙정문

백악산 (북악산)

북촌

성균관

혜화문

창덕궁

창경궁

낙산

인왕산

경복궁

사직단

백탑 (원각사지십층석탑)

경희궁

육조 거리

종루

운종가

배오개 시장

흥인문 (동대문)

돈의문 (서대문)

청계천

소의문

광희문

숭례문 (남대문)

칠패 시장

남촌

목멱산 (남산)

마포 나루

때 : 유시(17시~19시)
장소 : 마포 나루 → 인왕산 기슭

기방을 휘어잡는
패셔니스타, 대전별감

6

대전별감은 조선 최고의 멋쟁이다. 오늘날로 치면 패셔니스타이다! 항상 관복을 입어야 하는

양반들처럼 지루한 옷차림을 할 이유가 없다. 그러니 마음껏 패션 감각을 뽐내며 유행에 앞서

나갈 수 있는 것이다. 이러니 야하고 요란스런 옷맵시만으로 기생들을 호릴 만하다. 그래서일

까? 자꾸 대전별감에게 눈길이 간다. 조선 최고의 멋쟁이 대전별감의 옷맵시를 슬쩍슬쩍 훔쳐

본다. 앗, 세상에! 꼭두서니로 곱게 물들인 '붉은' 적삼에 누런 초립을 썼다. 자유분방한 21세기

에도 남성이 무릎 아래까지 내려오는 붉은색 긴 코트를 걸치는 일은 상당히 드문데!

산해진미가 여기에 다 모였네

해가 저문 마포 나루는 밤을 맞이할 채비에 바쁘다. 주등이 하나둘씩 켜진다. 주등은 술집이라는 것을 알리기 위해 다는 등이다. 힘든 하루 일을 마친 장사꾼, 지게꾼, 품팔이꾼 들이 싸구려 술집의 문을 두드린다.

빠끔 열린 술집의 판자문을 통해 술청(술집에서 술을 따라 놓는 널빤지로 만든 긴 탁자)을 엿본다. 술청 위에는 사기 주발이랑 접시랑 술잔이 흩어져 있다. 술청 주변에는 술꾼들이 서너 명씩 모여 앉아서 술잔을 기울이고 있다.

주모가 커다란 국자로 술을 퍼서 사발이 철철 넘치도록 따라 준다. 한 술꾼이 막걸리 사발을 들고 단숨에 벌컥벌컥 들이키고는, '탕~' 소리가 나게 사발을 내려놓고 소매로 입술을 훔친다. 주모는 술꾼이 잔을 비우기 무섭게, 국자로 새 잔을 채운다.

부뚜막 옆에서는 중노미(음식점에서 허드렛일을 하는 남자)가 숯불을 피워 돝고기(돼지고기)를 석쇠에 굽는 중이다. 돝고기 굽는 연기가 지붕 위로 모락모락 피어오른다. 지나가던 길손들이 돝고기 굽는 냄새를 맡고 주점으로 모여든다.

주막을 찾아온 사람들이 술을 마시는 장면. 국자로 떠 주는 술을 선 채로 마시는 모습이 왠지 낯설어 보인다.

"주모, 배가 출출한데 입맛 도는 안주 없소?"

막 술집에 들어온 술꾼이 자리에 앉기도 전에 안주 타령부터 한다. 돈깨나 있는 듯 어깨에 잔뜩 힘이 들어가 있다. 주모는 부유한 술꾼의 주머니를 노린다.

"맛난 안주가 왜 없겠소? 산해진미가 여기 다 있소. 오늘 한강에서 낚시꾼이 건져 올린 싱싱한 웅어 회는 어떠시오? 현방에서 보낸 신선한 쇠고기를 다진 산적도 있소. 해장에 좋은 맑은 탕도 있고말고요."

주모가 너스레를 떨자 술꾼이 침을 꿀꺽 삼킨다. 저 술꾼, 오늘 주머니깨나 털리겠구나!

예전에 한양 술꾼들은 안주를 따로 먹지 않았다. 막걸리 안주라고 해

봤자 김치나 나물 한 접시를 곁들일 뿐이었다. 하지만 한양이 상업 도시가 되고, 돈이 돌고 돌면서 술 마시는 풍속도 사치스러워졌다. 맛있는 안주를 찾아, 이 술집 저 술집을 돌며 식도락을 즐기는 이들도 늘어났다. 젊은이들 사이에서 술은 좋아하지 않으면서 안주를 먹고자 술집을 찾는 사람들이 생겨났다. 제 주머니 형편은 생각하지 않고 비싼 안주를 마구 시켜 먹다가, 빚에 몰린 이들이 사회 문제가 될 정도이다.

때마침 중노미가 노릇노릇 구워진 돝고기를 가져온다. 술꾼들의 젓가락이 돝고기를 향해 돌진한다!

"열 사람이 먹을 곡식을 한 사람이 마셔 없앤다."

조선 시대에는 큰 가뭄을 겪거나 흉년이 들면 으레 금주령을 내렸다. 술을 빚으려면 많은 양의 곡식이 소비되기 때문이다. 게다가 조선 사람들이 즐겨 마시는 막걸리, 청주, 소주는 모두 곡식으로 빚는 술이다.

백성들은 막 걸러서 탁한 막걸리를, 양반들은 맑은 술을 걸러 낸 청주를 주로 마셨다. 소주는 귀한 술이었다. 특히 '안동소주'로 유명한 소주는 곡식을 빚어 증류한 술이라서, 술 한 병을 빚기 위해 필요한 곡식의 양이 어마어마하다.

물맛이 좋으면 술맛이 좋은 법. 한양에서는 '남주북병(南酒北餠)'이라고 해서 남촌의 술, 북촌의 떡을 알아준다. 남촌의 술은 남산 계곡에서 흘러나오는 맑고 깨끗한 계곡 물로 담은 것이다.

한강변에서는 청주인 삼해주가 유명하다. 얼마나 인기를 끌었던지 엄청난 양의 곡식이 술 빚는 데 소비되자, 18세기 이후로는 삼해주 빚는 것을 금지하기에 이른다.

조선 시대 금주령은 대개 봄 가뭄 때 내려져서 가을 추수 때 해제되었다. 영조 임금은 나라를 다스린 오십 년 내내 금주령을 엄격하게 시행한 것으로 유명하다. 금주령을 어긴 자에게 사형까지 내릴 정도였다니, 오늘날 술꾼들은 영조 임금 시절에 태어나지 않은 것을 천만다행으로 여겨야 하지 않을까?

물론 금주령이 내려졌다고 술을 마시지 못하는 건 아니다. 술 마시는 데도 신분의 차이가 적용되었다. 양반들은 '계회' 같은 친목을 도모하는 모임이 잦고, 새로 온 관리와 떠나는 관리를 맞이하고 보내는 잔치에 참석할 기회도 많았다. 그런 모임이나 잔치에 술이 빠질 리 없다. 주요 관청마다 술을 직접 빚어 창고에 쟁여 두고 중요한 행사에 대비하기도 했을 정도였으니.

게다가 금주령을 어겼다가 발각된 경우에도 양반들은 '병에 걸린 사람은 약으로 술을 마셔도 된다.'는 금주령의 예외 조항을 악용했다. 그래서 생긴 말이 소위 '약주'라고 부르는 단어이다.

"약주 드시오."

예전에 양반들이 금주령을 피해 마시던 청주를 점잖게 이르는 말이 약주였던 것이다.

밤을 밝히는 등잔불이 은은하다. 주모는 술꾼들 옆에서 졸다가 방으로 들어간다. 중노미가 술청에 앉아서 이미 거나하게 취한 술꾼들의 잔심부름을 한다. 술 취한 술꾼들이 고래고래 소리를 지른다. 결국 옆에 앉은 술꾼과 하찮은 말다툼이 커져 멱살잡이를 한다.

우당탕탕.

주먹이 오가고 술잔이 날아간다. 술 항아리가 깨진다. 술 마시는 풍속이 오늘날과 크게 다르지 않은 걸 보니 놀랍다. 술 취해 비틀거리는 술꾼들을 뒤로하고, 마포 주점의 문을 조용히 닫고 나온다.

낯설면서 낯설지 않은 기방 풍경

우리는 서둘러 도성 안으로 향한다. 도성 안에서 시작한 우리의 여정은 도성 안에서 끝날 것이다.

우리는 다시 육조 거리로 향한다. 육조 거리 뒤편에는 기방들이 쭉 늘어서 있다. 기방은 기생들이 술과 춤, 음악, 노래를 제공하면서 손님을 맞아 영업을 하는 곳이다.

기방의 대문이 반쯤 열려 있다. 때마침 기방을 찾은 손님이 삐걱 대문을 열고 들어간다. 검둥개가 컹컹 짖기는커녕 꼬리를 흔들며 손님을 반긴다. 손님이 온 기척에 웬 할멈이 부스스한 백발을 내밀며 나와 본다. 처마 끝에는 종이를 겉에 바른 종이등이 은은하게 빛난다. 새로 빚은 술 향기가 집 안에 가득하다.

기방에 함부로 들어갔다가는 큰 싸움이 난다. 손님 중에 무뢰배들이 많기 때문이다. 기방을 들어가는 격식에 따라야 한다. 나중에 온 손님이 먼저 말을 건넨다.

"들어가자."

먼저 와 있던 손님이 대답한다.

"두루.(들어오라.)"

나중 손님이 먼저 인사를 건넨다.

"평안호?(편안하시오?)"

먼저 온 손님이 답한다.

"평안호?"

손님들끼리 간단한 인사를 할 뿐, 통성명(서로 성과 이름을 알려 주는 것)을 하는 일은 없다. 이제야 기생이 아는 체하며 나중 손님에게 말을 건다.

"평안하시오?"

기생도 외출했다가 막 돌아왔다.

이 기생의 이름은 매월. 며칠 전 기방에 새로 온 기생이다. 기생은 성을 붙이지 않고 이름만 부른다. 매월이 턱에 질끈 맨 자줏빛 비단 끈을 풀고 전모를 벗어 던진다. 전모는 대나무로 우산처럼 살을 만들고 기름 먹인 종이를 바른 모자인데 주로 기생들이 쓰고 다닌다. 전모를 벗자 구름 같은 가체를 올린 얹은머리에 가리마를 쓴 기생의 얼굴이 드러난다.

아, 이 기생은 오후에 운종가에서 만난 여인이 아닌가? 한양 바닥이 참 좁다더니 이런 우연이 다 있구나!

매월은 가체를 한껏 올려 멋을 냈다. 가체란, 남의 머리카락을 더해서 자신의 머리카락과 함께 땋거나 모양을 내는 것을 말한다. 넉넉한 집안의 여인들은 가체 높이만 30센티미터가 될 정도로 과하게 치장한다.

값이 만만치 않은 만큼 가체는 사치스러움의 대명사다. 조선 시대에는 '신체발부(身體髮膚, 몸과 머리털과 피부라는 뜻으로, 몸 전체를 이르는 말)는 수지부모(受之父母, 부모에게서 물려받은 것)'라고 하여 머리카락을 소중히 여기는 유교적 풍습이 있었기에 그 공급이 원활하지 않았다. 그 때문에 가체 값이 오늘날 소형 아파트 열 채 값은 될 만큼 비쌌다.

나라에서 가체 금지령을 내렸지만 어기는 사람이 많았다. 금지령과 위반 사이에서 아슬아슬한 실랑이가 벌어지는 가운데, 한 여인이 가체 위반을 단속하기 위해 관에서 파견한 사람이라고 사칭하고 여염집을 들쑤

셔 돈을 뜯어낸 사건이 장안의 화제가 되기도 했다.

'가리마'는 기생의 쓰개이다. 머리 위에 덮어쓰는 검은 헝겊인데 네모난 책갑처럼 생겼다. 매월이 머리를 움직일 때마다 화려한 떨잠이 바르르 떨린다.

매월은 얼굴이 백옥같이 희다. 반가의 여인들은 수수하게 꾸미지만, 기생들은 하나같이 화려한 '분대 화장'을 한다. 화장법만 봐도 기생인지 여염집 여인인지 한눈에 알 수 있다.

분대 화장의 기본은 흑백의 강렬한 대비! 옥같이 흰 살결과 먹으로 그린 검은 눈썹을 강조하는 것이다. 얼굴이 창백하게 보일 정도로 하얀 분을 치덕치덕 바른다. 눈썹은 흰 얼굴과 대비되도록 먹으로 가는 반달 모양이 되게 뚜렷하게 그리고, 머릿기름을 발라 검은 머리를 돋보이게 한다. 거기에 복숭아빛이 도는 뺨에 앵두빛 입술로 마무리한다.

기생의 옷차림은 반가 여인들보다 훨씬 화려하다. 물론 짧고 품이 꼭 맞는 저고리와 짧은 저고리를 보완하며 잘록한 허리를 강조하는 허리띠, 풍성하게 입은 치마의 실루엣은 반가의 여인과 똑같다.

하지만 기생들은 남치마를 입는다. 여염집 부인이 입는 노랑이나 다홍빛은 입지 못한다. 한양 기생들 사이에서는 '거들치마'가 유행이다. 치마폭을 뒤에서 앞으로 치켜 올려 입고는 띠로 매는 것이다. 거들치마를 하면 속바지가 훤히 드러나므로 속바지도 고급 옷감으로 짓고 바느질도 정교하게 한다. 물론 운종가를 다녀온 매월도 거들치마 차림이다.

"둥기당당, 둥기당당."

손님들 앞에서 매월이 가야금을 뜯는다. 흥겨운 가야금 곡조에 맞춰 연홍이가 〈매화 타령〉을 부른다.

기방에서 손님이 물갈이되는 장면. 대문 앞에 포교(포도청에 소속된 군관)로 보이는 사람은 기방에 놀러 온 것일까, 싸움을 말리러 온 것일까?

매화야 옛 등걸에 봄철이 돌아온다.

춘설이 하 분분하니, 필지 말지도 하다마는,

북경 사신 역관들아~.

사신을 따라 북경에 간 역관과 사랑에 빠진 기생의 마음을 담은 노래이다. 부용이 경쾌한 노래에 맞춰 긴 수건을 올렸다 내리며, 사뿐사뿐 춤을 춘다. 손님들은 흥이 절로 나서 어깨가 들썩들썩한다.

기생은 춤과 노래, 시와 풍류로 잔치와 술자리의 흥을 돋우는 역할을 하는 직업여성이다. 기생의 신분은 천민이다. 일종의 사치 노비에 해당한다. 기생은 관청에 소속된 관기와 일반 기생으로 나뉜다. 기생의 딸도 기적에 올라가면 천민이 된다. 어미의 신분을 따르는 '종모법'이 기녀에게도 해당되기 때문이다.

어라, 그렇다면 춘향은 남원 고을 퇴기 월매의 딸이므로 천민 신분이 맞는 거네? 변학도가 춘향을 기녀 취급하면서 수청을 요구한 것이 터무니없는 일은 아니었던 모양이다. 다만 관기가 수령의 수청을 드는 게 흔한 일이긴 해도, 수령이 관기에게 대놓고 수청을 요구하는 일 자체는 불법이었다고 한다. 공공연하게 벌어지는 일이지만 따지고 들면(흔히들 재수 없이 걸렸다고 주장하는!) 불법인 사례이다.

그러고 보면 춘향이 이몽룡의 정실부인이 된다는 《춘향전》의 해피엔딩도 당시 백성들의 바람을 반영한 것이었을 뿐, 조선의 현실과는 동떨어진 내용이다. 기생이 천민 신분의 굴레에서 벗어나는 길은 '속량'이나 '대비정속'뿐이다. 속량은 기생이 양반의 첩이 될 때, 재물을 주고 천민 신분에서 벗어나는 방법이다. 대비정속은 기생이 늙거나 아파서 퇴기가 될 때, 다른 여인을 대신 들여놓고 자신은 기생 신분에서 벗어나는 것을 말한다.

그런데 우리가 보기에 엉뚱한 기생도 있다. 의녀라든가 바느질을 하는 여인도 기생이라고 불렀다. 혜민국에서 일하는 의녀는 '약방기생'이라고 한다. 관비 중에서 영리한 소녀를 뽑아 침술을 가르쳤던 것이다. 상의원에서 군사들의 옷을 짓는 침선비는 '상방기생'이라고 한다.

원래는 가무를 하는 기생이 아니었는데, 임진왜란 이후 악공들이 일하는 장악원이 무너지면서 춤추고 노래 부르는 기생 일을 겸하게 된 것이다.

조선의 패셔니스타, 대전별감

갑자기 대전별감이 기방에 들이닥친다. 새 기생이 왔다는 소문을 듣고 한걸음에 달려온 것이다. 대전별감이 기방에 등장하자, 기생들이 버선발로 뛰어나가 반긴다. 다들 대전별감 주변에 모여 인사를 나누고 아양을 떤다. 대전별감의 출현에 기방이 출렁거린다!

대전별감은 왕의 잔심부름을 하는 하예(종) 신분이다. 신분은 낮되, 왕을 가까이에서 모시기에 권세와 부가 남부럽지 않다. 마찬가지 이유로 왕의 호위 무사인 무예별감도 위세가 대단하다.

대전별감은 조선 최고의 멋쟁이다. 오늘날로 치면 패셔니스타(뛰어난 패션 감각으로 대중의 유행을 이끄는 사람)이다! 항상 유니폼과 같은 관복을 입어야 하는 양반들처럼 지루한 옷차림을 할 이유가 없다. 그러니 마음껏 패션 감각을 뽐내며 유행에 앞서 나갈 수 있는 것이다. 이러니 야하고

기방을 휘어잡는 패셔니스타, 대전별감

기방 앞에서 벌어진 싸움. 붉은 적삼을 입은 별감이 싸움을 말리고 있다. 별감의 화려한 옷차림이 눈에 확 띈다.

요란스런 옷맵시만으로 기생들을 호릴 만하다.

그래서일까? 자꾸 대전별감에게 눈길이 간다. 조선 최고의 멋쟁이 대전별감의 옷맵시를 슬쩍슬쩍 훔쳐본다. 앗, 세상에! 꼭두서니로 곱게 물들인 '붉은' 적삼에 누런 초립을 썼다. 자유분방한 21세기에도 남성이 무릎 아래까지 내려오는 붉은색 긴 코트를 걸치는 일은 상당히 드문데……, 생각해 봐도 옷차림이 정말 예사롭지 않다.

허리춤에는 화려한 매듭으로 장식한 주머니와 갖가지 노리개를 치렁치렁하게 차서 눈길을 끌게 만들었다. 장신구 하나하나까지 신경 쓰고 멋 부린 태가 난다.

오늘날 멋쟁이도 그렇지만, 대전별감은 헤어스타일에 특별히 신경을 썼다. 머리카락을 낱낱이 펴고 빗질해서 '조각달 모양'으로 상투를 틀고, 호박동곳 대자동곳을 꽂고, 곱게 뜬 평양 망건에 외점박이 무늬의 대모 관자까지 했다. 여기에 누런 초립은 수놓은 비단 갓끈으로 묶었다. 풀을 엮은 초립과 비단 갓끈은 영 어울리지 않는 조합이지만, 이렇게라도 해서 초립의 초라하고 단조로운 모양을 보완하려 한 것이다.

별감들은 지방에 있는 기생들이 교대로 한양에 올라올 때마다 기생의 뒤를 봐주었다. 그러다 보니 자연스레 기방을 주름잡게 되었고, 어떤 이는 기방을 직접 운영하기도 했다. 기생들도 별감이 부르는 행사에는 빠짐없이 나섰다.

별감들은 아예 놀음판을 벌여 장안이 떠들썩하게 즐기기도 했다. '승전놀음'이라고 해서 별감들이 중심이 되어 기생과 악공들이 관현악 연주와 노래, 춤을 즐기던 행사이다. 넓은 야외 공간을 따로 잡아, 차일을 치고, 색색등을 매달고, 무대에는 병풍을 치고, 객석에는 털방석을 깔고, 교자상에 찬합을 올려놓고, 가무를 실컷 즐기는 것이다. 오늘날 고급 호텔에서 여는 디너파티도 이 정도 규모에는 훨씬 못 미칠 것이다.

이런 기방을 찾는 주 고객층은 누구일까? 일단 양반들은 제외다. 양반들은 기생이나 악공을 집으로 불러들여 잔치를 즐겼으면 즐겼지, 기방에는 발을 들여놓지 않는다.

기방 손님은 주로 '왈자'라고 부르는, 한양에서 중인에 해당하는 사람들이다. 의원이나 역관 같은 기술직 중인, 한양의 관청에서 말단 실무를 맡은 경아전, 왕의 심부름을 하거나 신변을 호위하는 별감, 시전 상인, 장

교나 포교 같은 중간층 군인, 승정원 사령이나 의금부 나장, 남촌에서 무과를 준비하는 한량 등등.

이들은 가끔 의협심을 부리며 '협객'을 자처하기도 한다. 하지만 생업은 돌보지 않고 기방에 출입하면서 돈을 물 쓰듯 하며 흥청망청 술과 놀이에 빠져 있는 사람도 많다. 기방이 조선 후기에 생겨난 이유도 한양이 상업 도시가 되면서 돈을 마음대로 쓸 수 있는 왈자 같은 부류의 사람들이 늘어났기 때문이다. 대도시의 밤에는 유흥이 따르기 마련이니까.

방 안에서 기생이 부르는 노랫소리가 흘러나온다. 사랑하는 여인을 여읜 사내가 기생집에서 놀며 모든 괴로움을 잊어버리겠다는 내용이다. 한양의 밤은 유흥과 더불어 깊어 간다.

천하태평춘

대문 옆을 흘끗 보니 문패가 걸려 있다. 오늘은 기방이 조용하다. 싸움이 벌어지지 않았나 보다. 한양의 봄날 밤은 태평천하이다.

인왕산 달밤의 시 동호회

한양의 봄밤은 인왕산 계곡에서도 무르익는다. 서둘러 당도한 곳은 새벽에 들른 인왕산 기슭이다. 어느덧 환한 보름달이 다시 떴다. 인왕산 계곡에 열 명 남짓한 사람들이 모여 있다. 푸른 소나무가 벼랑을 따라 둥글게 열을 지어 있다. 오른쪽으로는 백악산의 그림자가 언뜻 보인다.

벌레 소리가 가까이서 들리고, 살쾡이의 날카로운 울음소리가 멀리서 들린다. 우리의 코끝에 복사꽃, 살구꽃 향기가 스민다. 아래로는 계곡물이 콸콸 흐르는 소리가 들린다. 인왕산 서쪽 기슭을 흐르는 '옥계'이다. 주변에 계곡물이 흘러서일까? 기운이 맑고 서늘하다. 주변을 살펴보니 소나무가 포근하게 감싸는 너럭바위 위에 사내들이 앉아 있다.

이들은 달밤에 무엇을 하려는 것일까?

사람들 앞으로 술병과 잔이 놓여 있다. 안주가 없는 조촐한 술자리다. 어둠을 밝히려는 듯, 커다란 촛대가 세워져 있다. 아롱거리는 촛불에 비친 이들은 갓 쓴 사내들이다. 이들은 함께 한시를 짓는 '한시 동호회' 회원들이다.

한시를 짓는 모임을 '시사(詩社)'라고 하는데, 원래는 양반들이나 하는 모임이다. 하지만 여기 모인 사람들은 중인들이다. 인왕산 기슭에 모여 사는 경아전들이 주축을 이루고 있다. 조선 후기에 들어 부유하고 책 읽기를 좋아하는 중인들은 양반들처럼 한시 짓기를 즐겼다.

이 모임의 맹주(한 단체의 우두머리)인 천수경 노인이 작은 술병을 들어 회원들의 술잔에 술을 따라 준다.

"찰찰찰~."

조용한 달밤에 술 따르는 소리가 또렷하게 들린다. 모두들 술잔을 들어 입술을 살짝 축인다. 천수경 노인을 시작으로 돌아가면서 시를 한 수씩 읊는다. 이 시사의 맹주인 천수경 노인은 보잘것없는 집안 출신이다.

그렇지만 시를 좋아하고 책 읽기를 즐긴다. 심지어 시 짓기로 장안에 이름을 떨쳤다. 그러자 돈 많은 중인들이 자식 교육을 맡아 달라며 성화를 부렸다. 사람이 한창 몰릴 때는 학생 수만 50~60명이 되어 여러 반으로 나누어 가르칠 정도였다.

천수경 노인은 인왕산 옥계 주변에 초가집을 짓고 '소나무와 바위의 집'이라는 뜻으로 '송석원'이라고 이름 붙였다. 이 모임은 옥계에서 한다고 해서 '옥계 시사' 혹은 이 시사를 이끄는 천수경 노인의 호를 따서 '송석원 시사'라고도 한다. 처음에는 열 명 남짓했던 동인들의 숫자가 점점 늘어 76명이나 되었다. 중인 중에서 시깨나 쓴다는 사람치고 이 모임에 초대받지 못하면 수치로 여겼다.

송석원 시사는 조를 짜서 운영했는데, 하루도 거르는 날이 없을 정도였다. 나중에는 전국적으로 '백전'을 개최하기도 했다. 백전은 송석원 시사에서 일 년에 두 차례씩 개최하는 전국적 규모의 시 백일장이다. 동인들을 남북으로 나누고 서로 다른 운자를 주어 시 짓기를 겨루었다. 백전이 얼마나 성황리에 열렸냐면, 인정이 울리고 통행금지가 실시된 후에도 백전에 간다고 하면 순라군이 순순히 보내 줄 정도였다.

천수경 노인은 1797년에 333명이나 되는 중인들의 시를 모아《풍요속선》이라는 시집을 펴내기도 했다.

조선 후기에는 돈을 벌어 경제적 여유가 생긴 중인들이 문화적인 욕구를 만족시키고자 양반들의 시사를 흉내 내어 여항인들의 시사를 만들었다. 원래 '여항'이란 백성들의 살림집이 있는 누추한 동네를 가리켰지만, 조선 후기에는 중인층을 가리키는 말이 되었다.

'여항 문학' 혹은 '위항 문학'이란 조선 후기 한양에서 중인층이 주도한 한문학을 말한다. 이들은 시사를 조직하고 공동 시집을 발간했으며 중인들의 역사를 정리하는 활동을 펼쳤다. 그러나 안타깝게도 중인들은 양반 문화를 따라 했을 뿐, 자신들만의 고유한 문학을 창작해 내지는 못했다.

庚戌之夏雲月
勝筵筆端造化
寫入春夢

송석원에 모인 중인들이 연 달밤의 시회. 1791년에 실제로 있었던 모임을 그림으로 남겼다.

송석원의 밤이 깊어짐에 따라 시를 짓는 중인들의 흥취도 높아진다.
아차차, 봄밤의 시 짓는 열기에 흠뻑 취해서 시간 가는 줄 몰랐다! 인
왕산에서 서둘러 내려와 여정의 마지막 장소로 향한다.

변하는 조선, 달라지는 정치

: 붕당과 탕평책

나라를 위하여 몸과 마음을 바치며 주위 사람들과 화목하게 지낼 도리를 생각
하지 않고 오직 당습에 어긋날까 염려를 하니 이것이 어찌 충효이겠는가? (중략)
탕평하는 것은 공(公)이요, 당에 물드는 것은 사(私)인데 여러 신하들은 공을 하
고자 하는가, 사를 하고자 하는가?

－《영조실록》에서

갈수록 심해지는 붕당 정치

서원을 기반으로 한 붕당은 임진왜란과 병자호란이라는 큰 전란을 거
치며 전쟁으로 피폐해진 나라를 회복시키기 위해 힘을 합쳤다. 하지만
효종의 뒤를 이어 현종이 즉위하자, 균형을 이루고 있던 붕당 정치가 무
너지고 당파 간 대립이 점점 심해졌다.

효종이 죽은 뒤, 효종의 계모가 몇 년 동안 상복을 입어야 하는지에 대
한 논쟁으로 시작된 '예송 논쟁(겉모습은 '상복을 몇 년 입느냐'는 단순한 논
쟁이었지만, 그 안에는 '왕을 일반 사대부와 동일하게' 보는 신하 중심적 시각과
'왕은 사대부보다 특별한 존재'라고 여겨 왕의 권위를 더 중요하게 보는 시각의
충돌이었다.)'을 시발점으로, 현종의 뒤를 이어 숙종이 즉위하자 집권 세
력이 급격하게 교체되는 '환국'이 빈번하게 일어났다. 환국은 단순히 정

권 교체로만 끝나는 게 아니라, 권력을 잃은 당파의 대표적인 인물은 귀양을 가거나 심할 경우 사약을 받는 등 걷잡을 수 없는 복수혈전으로 이어지곤 했다.

탕 평 책 의 시 행

이같이 불안정한 정국을 안정시키기 위해, 왕이 중심을 잡고 붕당 사이의 세력 균형을 유지하려는 '탕평론'을 내세운 왕이 바로 영조이다. 영조는 붕당의 원인이 된다고 여긴 서원을 대폭 정리하여 그 수를 줄였으며, 붕당에 관계

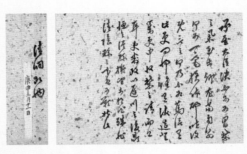

정조가 노론 세력의 우두머리였던 심환지에게 보낸 편지. 왕이 주도하는 정치를 실현하려는 정조의 의지를 읽을 수 있다.

없이 인재를 등용하는 등 왕이 주도하는 정치 체제를 만들기 위해 노력했다.

영조의 뒤를 이은 정조 역시, 영조의 탕평책을 계승하여 외척 세력을 제거하고 중앙 정계에 진출하지 못했던 새로운 인물들을 발탁하면서 왕 중심의 정치 체제를 더욱 강화하였다.

규장각을 설치하여—서얼 출신을 포함한—새로운 인물을 대거 등용한 것도, 금난전권을 폐지하고 신해통공을 실시한 것도 바로 이 시기였다.

영조와 정조, 두 임금이 강력하게 시행한 탕평책 덕분에 정국이 안정되고 새로운 정치가 시도되었지만, 붕당이 약해지면서 강해진 왕권을 견제하지 못하게 되어 결국 세도 정치가 등장하는 원인을 제공하게 되었다.

숙정문

백악산(북악산)

북촌

성균관

창의문(자하문)

혜화문

인왕산

창덕궁

창경궁

낙산

경복궁

사직단

백탑(원각사지십층석탑)

경희궁

종루

배오개 시장

운종가

흥인문(동대문)

돈의문(서대문)

청계천

육조거리

소의문

You are here!

광희문

숭례문(남대문)

칠패 시장

남촌

마포 나루

목멱산(남산)

때 : 술시(19시~21시)
장소 : 인왕산 기슭 → 남촌

양반가 후원의
화려한 잔치가 끝나고

7

여종들이 술병이며 찬합을 주섬주섬 치운다. 안주가 놓인 개다리소반을 '높이' 쳐들고 부엌으로 간다. 개다리소반은 상다리 모양이 개의 다리같이 생긴 작은 상이다. 그나저나 왜 저렇게 불편하게 옮기는 걸까? 우리는 여종들이 습관처럼 개다리소반을 얼굴까지 높이 쳐들고 있는 모습이 보기 안쓰럽다. 대감마님의 몸종인 일삼은 후원에 있는 취병 뒤에서 누군가와 수군대고 있다. 살짝 엿듣자니, 오늘 부른 악공과 기생에게 줄 비용을 놓고 실랑이 중이다. 허걱! 생각보다 만만치 않은 비용이다. 일삼은 적당한 가격에서 타협하고 돈을 지불한다.

조 선 시 대 의 비 밀 데 이 트

다시 달이 떴다. 우리는 인왕산의 험한 산길을 조바심치며 내려오다가 드디어 평평한 성벽 길을 만난다. 도성을 지키는 병사들이 군데군데 서 있다. 어둠 속에서도 마음이 약간 놓인다.

새벽에 만났던 병사, 그중에서도 같이 샘물을 뜨러 갔던 병사를 다시 만날 수 있을까? 재게 놀리던 발걸음을 슬쩍 늦추며 가쁜 숨을 돌린다.

어라, 이 달밤에 누구지? 인적이 드문 성벽 아래, 웬 남녀가 서 있다. 게다가 청춘 남녀! 남몰래 데이트를 즐기는 것 같다. 남자는 옷차림으로 미루어 보아, 관청에서 일하는 서리 같다. 키가 크고 훤칠하다.

저 여인은 기생일까? 얹은머리를 하고 차림새가 화려한 것을 보니 여염집 여인은 아닌 것 같다. 여성은 사내 앞에서 수줍은 듯 시선을 내리깔고 있다.

두 사람은 어떤 사이일까? 우리는 애써 호기심을 누른다. 세상 어딜 가든, 사랑에 빠진 청춘 남녀는 있기 마련이다. 아무튼 조선의 청춘 남녀가 데이트하는 모습을 보니 즐겁다. 조선의 여인 하면 만날 정절이니, 열녀니 하는 소리만 들었는데 사랑에 빠진 여인을 직접 보니 기분이 좋아지는 것 같다.

두 남녀를 뒤로하고 가던 발길을 재촉한다.

대감마님의 세련된 취향

발걸음을 재촉했건만, 밤이 이슥해지고서야 경화세족의 집에 가까스로 도착했다.

어이쿠! 서둘러 후원에 가 보니 잔치를 벌였다가 이미 파한 모양이다. 손님들은 돌아가고 대감마님은 사랑채로 들어가 버린 듯하다. 대감마님이 앉아 있던 비단 보료와 팔걸이인 안침만이 뎅그렇게 놓여 있다.

달밤에 밀회를 하는 남녀의 모습

양반가의 후원에서 열린 잔치. 악공의 연주와 손님을 모시는 기생, 음식을 나르는 여종들의 모습이 묘사되어 있다.

연못가에서 잔치에 불러들인 악공과 기녀들이 자리를 정리하고 있다. 악공은 거문고 줄을 손가락으로 튕기며 연주의 피로를 풀고 있다. 한 악공이 대금을 입가에 대고 어느 대목을 연주하자, 기생들이 까르르 웃음을 터트리며 박수를 친다. 그 앞으로 두 마리 학이 아장아장 걷는다. 영락없이 오늘날 애완동물이 하는 짓이다. 기생들이 봄밤의 서늘한 기온에 살짝 몸을 떤다.

여종들은 술병이며 찬합을 주섬주섬 치운다. 안주가 놓인 개다리소반을 '높이' 쳐들고 부엌으로 간다. 개다리소반은 상다리 모양이 개의 다리 같이 생긴 작은 상이다. 그나저나 왜 저렇게 불편하게 옮기는 걸까? 우리는 여종들이 습관처럼 개다리소반을 얼굴까지 높이 쳐들고 있는 모습이 보기 안쓰럽다.

대감마님의 몸종인 일삼은 후원에 있는 취병 뒤에서 누군가와 수군대고 있다. 살짝 엿듣자니, 오늘 부른 악공과 기생에게 줄 비용을 놓고 실랑이 중이다.

허걱! 생각보다 만만치 않은 비용이다. 일삼은 적당한 가격에서 타협하고 돈을 지불한다. 지나칠 정도로 인색하게 굴면 경화세족의 체면치레에 어긋나기 때문이다.

큰 사랑방에 촛불이 환하게 켜 있다.

"일삼아!"

대감마님은 일삼을 시켜 촛불의 심지를 돋우게 한다. 금세 방 안이 밝아진다.

대감마님은 그림을 몹시 좋아한다. 지나치게 좋아해서 '벽(癖, 무엇을 치우치게 즐기는 습관)'이라고 부를 만하다. 젊어서부터 좋은 그림이 있다

1. 겸재 정선이 중년에 그린 것으로 알려진 〈산수도〉. 양반가에서는 유명한 화원인 정선의 그림을 얻기 위해 무척 노력했을 것이다.
2. 조선을 주름 잡던 쟁쟁한 화가들이 그림을 그리고 있다. 갓을 쓰고 구경하는 사람이 문인이면서 그림에 능한 강세황, 두 자루의
   붓을 쥐고 그림을 그리는 사람이 정선이라고 한다.
3. 조선 후기 명필로 불리던 추사 김정희의 〈국화〉. 김정희는 문인화의 절정을 이룬 인물로 손꼽힌다.

4

5

6

4. 윤선도의 후손으로 벼슬길을 포기하고 고향에 은거하며 글을 짓고 그림을 그렸던
   윤두서의 산수화. 17세기 작품이다.
5. 조선 후기인 18세기에 강세황이 부채에 그린 산수화. 가을 숲을 배경으로 작은 마
   을을 묘사했다.
6. 조선 후기 들어 왕실에 공납하는 도자기에도 산수화를 표현하는 경우가 많았다.

고 하면 만사를 제치고 달려갔다. 주머니에 여유가 있으면 천만금을 주고도 사들였고, 여유가 없을 땐 남이 소장한 그림을 옆에서 감상이라도 해야 직성이 풀렸다.

그래서 사랑방에는 중국에서 사 온 값비싼 그림이 많다. 그렇지만 그림을 보는 안목이 뛰어난 대감마님이 가장 좋아하는 그림은 겸재 정선의 산수화이다. 조선 삼백 년 이래 최고의 화원으로 손꼽히는 정선이야 죽은 지 오래지만, 그의 그림은 여전히 한양의 경화세족들 사이에서 인기가 높다. 다들 정선의 그림을 한 폭이라도 지니고 싶어 안달이다.

물론 대감마님도 정선의 산수화를 몇 점 소장하고 있다. 속마음으로는 집안 대대로 물려줄 가보라고 여긴다. 집안 형편이 기울어도 정선의 그림만은 내다팔지 말라고 유언을 남길 생각이다.

"정녕 신필이로다!"

대감마님이 환한 촛불 아래서 정선의 산수화를 펼친다. 정선의 산수화를 볼 때마다 대감마님은 눈이 한층 밝아지는 느낌을 받는다.

"이게 웬 호사냐?"

어두컴컴한 박물관의 유리 칸막이 너머로만 정선의 그림을 보던 우리도 가까이서 그림을 보니 온몸이 떨릴 만큼 기쁘다. 마치 계곡물이 눈앞에서 솟구쳐 흐르는 것 같고, 솔숲에 이는 바람 소리가 귓가에 들리는 듯하다. 대범한 붓놀림과 가슴을 상쾌하게 하는 색채, 그리고 눈앞에 펼쳐지는 조선의 자연!

필운대의 봄날이며, 금강산의 숱한 봉우리, 한강변을 그린 그림들을 보니 마음속 깊은 곳에서 솟아나는 즐거움을 어찌할 수 없다. 대감마님은 정선의 그림에서 여전히 눈을 떼지 못한다. 우리 역시 마찬가지다.

촛농이 소리 없이 흘러내리며 밤이 점점 깊어 간다는 사실을 조심스레 알려 준다.

건넌방에서 들려 오는 한숨 소리

며느리 한씨는 분을 꺼낸다. 경대를 보면서 얼굴에 분을 톡톡 바른다. 아까 낮에 방물장수 여인이 가져온 분이다. 방물장수 여인은 한씨가 만날 수 있는 거의 유일한 바깥세상 사람이다.

방물장수는 바늘, 분, 머릿기름, 빗, 비녀, 가락지, 노리개, 실같이 여염집 여인들에게 필요한 물건을 보따리에 싸서 이 집 저 집 돌아다니며 물건을 파는 행상이다. 오늘날로 치면 집집을 방문해서 물건을 판매하는 세일즈맨이라고나 할까?

게다가 방물장수는 여인들이 머무는 안채까지 들어올 수 있다! 그러고서는 누구네 집이 이번에 딸을 여의었다는 둥, 누구네 집 아들이 과거에 급제했다는 둥 바깥소문을 전한다. 여러 집을 돌아다니며 중매를 서기도 한다.

안방마님은 며느리 한씨가 방물장수와 말을 섞는 것을 못마땅해하는 눈치다. 그렇지만 한씨는 방물장수 여인이 오는 날을 눈 빠지게 기다린다. 허구한 날 규방에 갇혀 사는 젊디젊은 한씨는 방물장수에게 바깥소식을 들을 때마다 숨통이 트이는 기분이다.

오늘 낮에는 방물장수 여인의 부추김에 넘어가서 기어이 분을 사고야 말았다. 기생들이나 바르는 분이라지만, 한씨는 예뻐지고 싶은 마음에 분을 덜컥 산 것이다. 한씨는 분을 바르다가, 갑자기 눈물을 쏟는다. 앗, 한씨에게 무슨 일이 생긴 걸까? 우리는 아직 그 이유를 알 수 없다.

"아씨, 안방마님이 부르십니다."

한씨는 시어머니의 늙은 몸종 분진이 방 밖에서 부르는 소리에 깜짝 놀란다. 얼른 소매로 눈물을 씻고 서둘러 얼굴의 분을 닦아 내곤 안방으로 건너간다.

안방에 불어닥친 소설 열풍

안방마님은 등잔불의 심지를 돋우고 소설책을 읽는 중이다. 그 옆에서 딸도 소설책을 읽는다. 요즘 한양 반가의 여인들은 소설 읽기에 푹 빠져 있다. 한씨가 시집오기 전만 해도 어림없는 소리였다. 하지만 한글을 익힌 반가의 여인과 양인들이 늘어나면서 한글 소설이 유행하기 시작했다. 이제는 안채의 취미 생활이 되어 버려서 그런지 대감마님도 크게 신경쓰지 않는 눈치다.

며느리 한씨는 안방마님 옆에서 잠자코 자수를 놓기 시작한다. 한씨도 다른 반가 규수들처럼, 일고여덟 살 때부터 친정에서 자수를 놓았다. 평생을 규방에 갇혀 살아야 하니 오늘이 어제 같고 내일이 오늘 같은 시간들, 그 기나긴 낮과 밤을 자수라도 놓으며 보내야 했다.

우리가 흘끔 곁눈질하니, 안방마님이 읽는 책은 《완월회맹연》이라는 소설이다. 아까 낮에 진걸을 시켜 세책가에서 빌려 온 소설책이다. 세책가에는 별의별 책이 다 있다. 돈을 몇 푼 내면 책을 빌려준다. 오늘날 점점 찾아보기 힘들어지는 만화방 같다.

요즘 안방마님은 자꾸 새벽잠이 달아나서 걱정이다. 점차 길어지는 봄

밤을 지새우려면 《구운몽》 같은 짧은 소설로는 턱없이 부족하다. 《완월회맹연》 정도는 되어야지! 이 소설책은 180권 180책이나 되는 장편 가문 소설이다.

이야기는 중국 명나라 때 정태사라는 귀족의 생일잔치에서 시작한다. 달이 환하게 뜬 밤에 완월대라는 곳에서 집안끼리 자식들의 혼사를 약속한다. 물론 당사자들은 서로 얼굴 한번 본 적 없는 사이다. 하지만 온갖 시련이 닥쳐도 꿋꿋이 불행을 이겨 내고 끝내 부모가 정해 준 배필과 혼인한다는 내용이다.

이 소설의 내용은 지극히 교훈적이다. 아무리 계모가 못되게 굴어도 효를 다해야 하고, 형제끼리는 우애를 다져야 하고, 나라에 충성해야 한다는 사실을 누누이 강조한다.

안방마님은 이 소설을 무척 좋아한다. 읽고 또 읽어서 줄거리를 훤히 꿰고 있는데도 소설책을 빌려 온다. 특히 온갖 시련을 극복하고 부모님이 정해 준 배필과 혼인하는 해피엔딩이 마음에 쏙 든다. 여유가 있으면 일일이 붓으로 베껴서 집안에 소장하고, 딸이며 며느리에게 읽히고 싶지만 워낙 장편이라서 엄두가 나지 않는다. 하기야 딸이나 며느리에게 읽으라고 권해도 젊은 아이들은 별로 달가워하지 않는 눈치다.

"어머니, 저는 박씨 부인 같은 여걸이 되고 싶은걸요."

옆에 있던 딸이 《박씨 부인전》을 읽다가 조잘거린다. 안방마님은 깜짝 놀라서 딸을 말린다.

"얘야, 아서라."

"도술을 부리고 외적을 물리치고. 신나잖아요?"

딸의 당찬 대구에 안방마님은 머리를 설레설레 흔든다.

"바깥세상이 얼마나 험한지 모르느냐? 여공에 능하고 남편을 내조해서 출세시키고 시부모님에게 효도하고 자식 잘 키우고. 규방에 꽁꽁 숨어 사는 것이 속 편한 세상이야. 여인은 그저 음전(말이나 행동이 얌전하고 우아한 것)해야 하느니라."

딸은 들은 체 만 체한다. 안방마님은 당돌한 딸이 못내 걱정스럽다.

"암탉이 울면 집안이 망할 징조라는 소리도 못 들은 게냐?"

안방마님은 딸이 걱정스러워서 기어코 한마디 퉁을 준다. 그러고도 부족한지 생각 끝에 잔소리를 덧붙인다.

조선에서 보낸 하루

"애야, 소설은 그만 읽고 이 책을 읽어라. 한 구절 한 구절 외우도록 해라."

안방마님이 어린 딸에게 권한 책은 《소학언해》이다. 딸은 《소학언해》를 펼쳐 소리 내어 읽는다.

"여자는 열 살이 되면 밖에 나가지 않는다. 여스승이 여자아이에게 말을 상냥하게 하고 용모를 부드럽게 하는 법을 가르치고, 길쌈을 전수해 의복을 장만하

독서하는 여인의 모습과 조선 후기에 큰 인기를 끈 한글 애정 소설 《숙영 낭자전》. 장원 급제한 남편과 모함으로 자살을 한 부인이 다시 만나 사랑을 이룬다는 이야기이다.

도록 가르치며, 제사를 살펴 술과 초, 대그릇, 김치와 젓갈을 올려 어른을 도와 제수 올리는 것을 가르친다. 열다섯 살이면 비녀를 꽂고, 스무 살이면 시집간다."

딸이 금세 지겨워하자, 안방마님은 열녀 이야기로 넘어간다. 나이 열일곱에 청상과부가 되어 평생 재혼하지 않고 외아들을 훌륭하게 키워 장원급제 시킨 여인 이야기며, 부인이 남편을 따라 젊은 나이에 자결하자 나라에서 열녀문을 세워 줬다는 이야기 따위다. 하지만 나이 어린 딸은 이야기만 듣고도 몸서리친다.

"열일곱 청상과부라니요? 평생 수절해야 한다면 저는 차라리 죽는 게 낫겠어요!"

"아이고, 이 아이를 어찌할꼬?"

안방마님은 '끄응~' 하고 앓는 소리를 낸다. 고분고분한 며느리 한씨와는 달리 제 의견이 뚜렷한 딸의 앞날이 걱정이다. 얼른 좋은 배필을 찾아서 혼인시키는 수밖에 달리 도리가 없다.

안방마님은 며느리 한씨와 다가올 제사에 대해서 도란도란 이야기를 나눈다. 사흘 뒤에 있는 대감마님 생신 잔치 준비는 따로 해야 한다. 한 달에 두어 번 꼴로 돌아오는 제사 준비는 늘 벅차다. 제기를 미리 닦아 놓아야 하고, 제물 준비에도 소홀하면 안 된다. 제사 음식이야 여종들이 하는 것이지만 그래도 마음의 부담이 크다.

그런데 안방마님이나 한씨나 정작 혼인을 한 뒤에는 친정 부모님 제사에 참석한 적이 없다. 조선 전기에 아들딸 구별 없이 자식들이 돌아가면서 제사를 지냈다는 기록은 이미 전설에나 나옴직한 옛날이야기가 되어 버렸다.

딸을 차별한 지는 오래됐다. '출가외인(시집간 딸은 친정 사람이 아니고 남이나 마찬가지라는 뜻)'이라고 해서 혼인한 딸은 남의 집안 귀신이 되라고 강조한다.

어디 그뿐인가? 아들도 차별한다. 아들들 중에서도 맏아들, 그리고 정식 부인의 몸에서 난 적자가 제사를 지낸다. 적자인 맏아들이 제사를 지내게 되면서 맏아들이 가문의 모든 재산을 상속받게 된 것은 물론이다. 적자가 없으면 친척 중에서 양자를 들일지언정 서자가 제사를 지내는 일은 절대 없다.

안방마님은 종부(종갓집 맏며느리)로서 제사를 지낸다는 자부심이 대단하다. 반가의 여인들은 딸로서는 제사권을 잃었지만 종부, 즉 맏며느리로서는 확고한 제사권을 지니게 된 것이다.

조선의 부부는 서로 사랑했을까?

한참 시간이 지나서야 안방마님은 며느리 한씨를 건넌방으로 돌려보낸다. 한씨는 갓난아기를 유모에게 보내 재우게 한다. 잠시 뒤, 사랑채에서 안채로 통하는 통로를 통해 규장각 대교가 건넌방으로 건너온다. 한씨가 아이를 낳은 지 몇 달 만이다. 한씨는 남편이 반가우면서도 서운한 느낌이 든다. 사실, 규장각 대교와 한씨는 결코 사이가 나쁘지 않은 부부이다.

두 사람은 서로 얼굴도 보지 못하고 혼인했다. 대감마님과 한씨의 아버지가 혼인을 결정했다. 처음에는 낯설었지만, 두 아이를 낳고 키우면서 정이 깊어졌다.

양반의 혼인은 가문과 가문의 결합이다. 무엇보다 혼인은 자식을 낳아 가문의 대를 잇고 조상의 제사를 받드는 역할을 한다. 두 남녀의 애정이 강조되는 혼인은 오늘날에 와서 시작되었다. 그래도 규장각 대교 부부는 신분이 같고, 집안도 비슷하고, 둘 다 소론 집안으로 당색도 같아서 무난한 혼인이었다. 서로 처지가 달라서 '쳐다보는 혼인', 또는 '내려다보는 혼인'이 되면 아무래도 자잘한 갈등이 생기게 마련이니까.

그렇지만 한씨는 남편이 자신과 멀어진 듯해서 서운하기만 하다. 혹시 젊은 첩이라도 들인 건 아닌가 걱정이 앞서기도 한다. 애써 남편을 믿어보지만 양반이라면 누구든지 첩을 들이지 않는가? 남편이 첩을 들인다고 질투를 하면 '칠거지악'이라고 여인들을 덕이 부족한 사람으로 몰아붙이는 것이 조선의 법도이다.

"근무하는 관청이 바뀌어서 바빴소."

규장각 대교는 조금은 무심한 듯 해명한다. 한씨는 남편 몰래 안도의 한숨을 내쉰다.

안채에서 나오며 잠깐 생각에 잠긴다.

"조선의 부부는 진정 서로 사랑했을까?"

생각이 바뀌면, 세상도 바뀐다
: 실학의 등장

> 무릇 재물은 우물과 같다. 우물의 물은 퍼낼수록 자꾸 차지만 쓰지 않으면 말라
> 버리고 만다. 마찬가지로 비단옷을 입지 않으면 나라에 비단 짜는 사람이 없어질
> 것이고, 여공의 솜씨도 사라질 것이다.
>
> ─박제가,《북학의》에서

실학이 나타난 배경

조선 시대는 유학, 즉 성리학이 지배했던 시대라고 할 수 있다. 하지만
조선 후기가 되면서 상공업이 발달하고, 굳건했던 신분제에 변화의 조짐
이 보이면서 새로운 사상이 등장하게 된다. 특히 17세기 이후 붕당 정치
가 심화되면서 사회의 문제점을 해결하려는 학문이 등장하는데 이를 '실
학'이라고 한다.

실학자들은 주자학뿐 아니라 청의 문물과 서양의 사상 등 다양한 학문
을 받아들여 사회를 개혁하기 위한 여러 방법을 제시했다.

다양한 주장을 펼친 대표적인 실학자들

《성호사설》을 지은 이익은 나라를 어지럽히는 폐단으로 '노비 제도,
과거 제도, 벌열(나라에 큰 공을 세운 가문), 광대, 무당, 승려, 게으른 무리'

여섯 가지를 들기도 했다. 특히 집집마다 농사를 지을 수 있는 최소한의 땅을 주어 생계를 유지하도록 하고, 그 외의 토지만 사고팔 수 있도록 하자는 '한전론'을 주장했다. 이는 대규모 농사를 짓는 지주와 고리대금업에 시달려 점점 사라져 가는 자영농을 살리기 위한 개혁 조치였다.

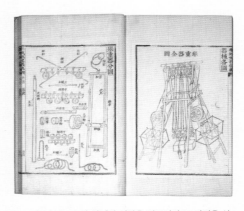

1794년, 정조는 수원 화성의 성곽을 지으면서 그 과정을 상세히 기록했다. 이 그림은 화성 축조 당시 625배나 되는 힘을 내어 사람들을 놀라게 한 '거중기'의 모습이다. 정약용이 고안했다고 한다.

《목민심서》,《경세유표》등의 저작을 남긴 정약용도 대표적인 실학자였다. 정약용은 이익의 학풍을 따르고, 나아가 당시 유행하던 '북학'까지 받아들여 정치, 경제, 사회 전반에 걸쳐 실학을 집대성했다. 왕 중심의 정치 체제 수립, 청나라 과학 기술 수입, 도로 폭과 수레 크기 규격화, 조세 제도 개혁 등 다방면에 걸쳐 개혁을 주장했다.

청나라에 연행사로 다녀온 후《열하일기》를 쓴 박지원은 수레 사용과 화폐 유통을 활성화시켜 상공업을 육성하자는 주장을 펼쳤다. 또 소설을 써 양반의 허례허식을 고발하고, '한전론'을 기반으로 농업 기술을 개선하여 농업 생산력을 늘리자고 주장하기도 했다.

실학자들의 주장은 정조 때 일부 수용되어 실행되기까지 했지만, 실학자들의 대부분이 중앙 정계에서 기반이 약한 학자들이었기 때문에 실제 사회 개혁으로 이어지기 힘들다는 한계점을 지니고 있었다.

숙정문

백악산(북악산)

북촌

성균관

창의문(자하문)

혜화문

창덕궁

창경궁

낙산

인왕산

경복궁

사직단

백탑(원각사지십층석탑)

경희궁

육조 거리

종루

운종가

배오개 시장

흥인문(동대문)

돈의문(서대문)

청계천

소의문

광희문

숭례문(남대문)

칠패 시장

남촌

You are here!

목멱산(남산)

마포 나루

때 : 해시(21시~23시)
장소 : 남촌 → 숭례문 앞

고요한 밤으로
가는 긴 여로

성문이 빠끔 열린다. 성문을 얼른 통과한다. 그렇지 않으면 다시 성문이 열리는 새벽까지 오

들오들 떨면서 기다려야 할지도 모르니까. 성문 밖 길은 몹시 어둡다. 오늘날 사금에서 많이

보던 재등이라도 가져올걸, 하는 후회가 든다. 부지런히 발을 놀리며 한참을 걷고 나자, 비로

소 여유가 생긴다. 우리는 고개 위에서 서서, 문득 발을 멈추고 뒤를 돌아다본다. 달빛 아래

희끄무레하게 한양 도성이 보인다. 짧은 하루 여행이 막 끝났는데, 뭔지 모를 그리움과 안타

까움과 후회 비슷한 감정이 뒤섞여 한꺼번에 몰려든다.

조선에서 보낸 하루

행 랑 채 의 갓 난 아 이

모두가 잠든 늦은 밤. 행랑채에서 젊은 여인의
신음 소리가 연신 들려온다.

"응애, 응애~."

오랜 산고 끝에 드디어 갓난아기가 태어난다. 건
강한 사내아이는 일삼의 손자다. 일삼은 얼른 행랑
채 밖에 나가 하늘의 별을 살핀다. 갓난아기가 태
어난 시각을 보는 것이다. 곧 갓난아기의 사주(사
람이 태어난 연월일시)가 정해진다. 대대로 경화
세족의 노비로 살아가는 일삼의 손자.

이 갓난아기 앞에는 어떤 삶이 놓여 있을
까? 조선에서 태어난다는 것은 무슨 의미
일까?

우리는 이런 질문을 품고, 이 집의 대
문을 연다. 삐꺽~, 한밤중이라 그런지 꽤
큰 소리가 울려 퍼진다. 집 밖으로 살금

젖먹이 아기를 등에 업은 여인. 기녀 행색을 한 젊은
여인의 모습에서 모성애가 느껴진다.

살금 나선다. 차가운 밤공기에 새삼 놀란다.

통행금지를 알리는 인정 소리

밤거리로 나서자 멀리서 인정 종소리가 "뎅뎅~." 스물여덟 번 울려 퍼진다. 동시에 한양을 둘러싸고 있는 여덟 개의 성문이 일제히 닫히고, 쇠로 된 빗장이 굳게 걸린다.

한양 도성 안은 어둠과 정적 속에 잠겨 있다. 사람은커녕 개미 새끼 한 마리도 보이지 않는다. 성문을 오가는 것만 금지된 게 아니다. 이제부터는 도성 안에서도 통행금지다!

조선 시대에는 통행금지를 '야금제'라고 불렀는데, 태종 때 시작되어 1895년(고종 32년)까지 실시되었다. 사실 통행금지 제도는 현대에도 있었다. 해방된 해인 1945년부터 자정이 되면 "엥~." 하는 사이렌 소리와 함께 통행금지가 실시되다가, 1982년 생활의 자유를 침해한다는 이유로 비로소 폐지되었다.

조선 시대 한양에서 통행금지를 실시한 목적은 치안 유지 때문이다. 한양은 궁궐과 종묘사직이 있는 한 나라의 도읍이니만큼 치안 유지의 중요성은 말할 것도 없다.

게다가 조선 후기 한성부는 급격한 도시화가 진행되고 외부 인구가 끊임없이 유입되면서 절도, 살인, 강도 같은 강력 범죄가 급속도로 늘어났다. 한양은 전국 팔도에 비해서 6배 이상의 높은 범죄율에 시달리는 무서운 도시다.

밤에도 순라군이 돌아다니는 도성 안은 그런대로 치안이 유지되는데,

문제는 성문 밖에서 발생한다. 특히 수구문(광희문) 밖은 범죄의 소굴이 되어 어두워지면 사람이 제대로 다닐 수 없을 지경이다. 어중이떠중이가 몰리는 마포 나루 쪽도 치안 문제가 만만치 않다.

앗, 웬 시비가 붙었지?

우리는 시끌벅적 소리가 나는 방향으로 달려간다. 육모 방망이를 든 순라군과 술 취한 범야자(야금을 어긴 이)가 옥신각신하고 있는 중이다. 그런데 그림이 묘하다.

"이놈들아! 내가 누군지 아느냐?"

범야자가 외려 큰소리를 치고 있고 순라군이 쩔쩔매고 있다. 범야자의 옷차림을 보니 붉은 옷을 입은 별감이 아닌가? 아, 저런! 초저녁에 기방에서 만난 대전별감이구나! 어쩐지 낯이 익더라니. 순라군들은 이 대전별감을 잘 알기 때문에 더 곤란해하는 듯했다. 뭐, 이런 일이 한두 번이 아니겠지?

통행금지 이후, 인정과 파루 사이에 도성 안을 돌아다니다가는 곧바로 순라군에게 붙잡혀 경수소(순라군의 초소)에 갇힌다. 아침이 되면 통행금지에 걸린 시간에 따라 장(죄인의 볼기를 치던 형벌을 세던 단위) 10대에서 30대를 맞는 처벌을 받게 된다.

순라군들이 망둥이처럼 날뛰는 대전별감을 가까스로 체포하여 경수소로 호송한다. 범야자 가운데는 별감이 많다. 아무래도 술과 유흥을 좋아하고 기방 출입이 잦아서일 게다. 범야자가 사라지고 나서야 한양의 밤거리가 잠잠해진다.

한양이여, 안녕!

우리는 다시 숭례문 앞에 도착했다. 어둠 속에 묵묵히 있은 지 한 식경 (밥을 먹을 동안이라는 뜻으로, 잠깐 동안을 이르는 말)이나 지났을까? 승정원에 소속된 한 하례(종)가 성문 앞으로 다가온다.

하례는 병사들에게 '범야물금첩'을 보여 준다. 이 문서는 관청에서 일하는 이가 야간에 도성 안을 돌아다닐 수 있도록 허가하는 일종의 야간 통행증이다. 성문이 빠끔 열린다. 하례의 뒤를 쫓아 성문을 얼른 통과한다. 그렇지 않으면 다시 성문이 열리는 새벽까지 오들오들 떨면서 기다려야 할지도 모르니까.

성문 밖 길은 몹시 어둡다. 달빛과 별빛에만 의존해서 길을 걸어야 한다. 오늘날 사극에서 많이 보던 제등이라도 가져올걸, 하는 후회가 든다. 우리는 두려움이 일어나는 것을 애써 누르고 걷는 데만 열중한다. 부지런히 발을 놀리며 한참을 걷고 나자 비로소 여유가 생긴다.

우리는 고개 위에서 서서, 문득 발을 멈추고 뒤를 돌아다본다. 달빛 아래 희끄무레하게 한양 도성이 보인다. 짧은 하루 여행이 막 끝났는데, 뭔지 모를 그리움과 안타까움과 후회 비슷한 감정이 뒤섞여 한꺼번에 몰려든다.

> "우리는 어떤 장소를 떠날 때 뭔가를 뒤에 남기고 가는 것이어서 우리의 무언가는 거기에 계속 머뭅니다. 그 무언가는 그곳에 다시 가야만 찾을 수 있습니다."
>
> ―《리스본행 야간열차》 중에서

우리는 이곳에 무엇을 남기고 떠나는 것일까? 그 무언가를 찾아서, 이

새벽 안개에 둘러싸인 경복궁의 모습을 묘사한 그림. 정면으로 보이는 굳게 닫힌 광화문 뒤로 건물이 가득 들어찬 것은 경복궁을 복원한 뒤인 고종 임금 시절에 그려졌기 때문이다. 새벽 안개에 둘러싸인 뒤편의 산이 백악산이다.

곳에 다시 올 수 있을까?

우리에게 이 밤은 몹시 길 것 같다. 우리는 뒤를 돌아보며 마음속으로 인사를 나눈다.

"안녕! 한양 도성!"

"안녕! 한양 사람들!"

"한양이여, 안녕!"

소설을 읽고, 그림을 보고, 소리를 듣다
: 서민 문화의 발전

달라지는 양반 문화

조선 후기에 들어서면서, '우리 것'을 탐구하는 경향이 드세어졌다. 이

는 조선이 만주족에게 패배한 명나라를 대신하여 중화를 계승한다는 생각에서부터 시작된 것으로, 병자호란이 오히려 우리 문화에 대한 자존감을 확인하는 계기가 된 셈이었다.

이런 흐름은 김만중의 한글 소설이나 한호의 글씨뿐 아니라, 그림에서도 두드러졌다. 조선의 산수를 배경으로 그린 정선의 〈진경산수화〉와 조선 서민들의 삶을 묘사한 김홍도와 신윤복의 '풍속화'도 이 같은 시대 배경 속에서 탄생한 것이었다. 또한 도자기를 제작하면서도 순백의 보름달 모양 '달 항아리'를 만드는 등 조선 고유의 청화백자 제작이 활발해졌다.

김만중의 한글 소설 《구운몽》을 바탕으로 민간에서 그린 민화인 〈구운몽도〉. 그림 위쪽에 등장하는 여덟 명의 여인이 소설에 등장하는 '팔 선녀'로 추측된다. 민화는 서민의 일상이나 전통적인 이야기를 소재로 그리는 경우가 많았다.

서민 문화가 꽃피다

18세기 이후, 농사 기술이 발전하고 상업이 활발해지면서 부유해진 중인, 양인들이 양반 문화를 모방하기 시작했다. 특히 한양에 거주하는 중인들은 시사회를 열고 책을 펴내는 등 자신들만의 문학 활동을 펼쳤고, 동시에 자신들의 역사를 알리는 책을 다투어 펴내기도 했다. 양반 계층의 제사 문화가 양인들에게까지 퍼지게 된 것도 이 시기였다.

또 양인들 사이에서도 문학이 유행하기 시작했는데, 《홍길동전》, 《심청전》, 《장화홍련전》, 《흥부전》, 《춘향전》 등 다양한 한글 소설이 만들어지고 유통되었다. 19세기에는 전문적인 상인들에 의해 판매된 국문 소설이 50여 종을 넘을 정도였다고 한다.

서민들 사이에서 유행한 한글 소설은 당시 세태에 대한 해학과 풍자를 담당하기도 했다. 대표적으로 《홍길동전》에는 서얼에 대한 차별과 탐관오리에 대한 비판이, 《춘향전》에는 흔들리는 신분제에 대한 풍자가 담겨 있다. 이렇게 인기 있는 이야기를 엮어 만든 판소리도 유행했다. 〈춘향가〉, 〈심청가〉, 〈흥부가〉 등은 사람들의 이목을 끄는 단골 레퍼토리였다.

뿐만 아니라 사람들이 많이 모이는 곳에서는 현실을 풍자하는 공연들이 점차 늘어났다. 황해도 지방에서 시작된 탈놀이는 전국적으로 유행했지만, 지배 계층에 대한 과감한 풍자나 비판은 상업이 발달한 한양 주변의 양주, 송파 등지에서 더욱 도드라졌다.

18세기 이후, 양반 문화뿐 아니라 서민 문화 역시 조선 고유의 정체성을 간직한 채 발달했다. 이 시기는 문학, 글씨, 그림, 도자기, 판소리, 연극 등 다양한 분야에서 뛰어난 유형·무형의 예술 작품이 배출된 조선 문화의 절정기였다.

조선 후기 한반도를 그린 〈동국팔도대총도〉. 가운데 '왕성'이라고 표시된 부분이 바로 한양이다.

말은 외방으로 보내고, 사람은 한양으로 보내라

조선 후기에 한양으로 사람들이 모여드는 이유나, 21세기에 서울로 사람들이 모여드는 이유가 어쩌면 이렇게 놀랄 만큼 똑같을까? 여태 우리는 조선 왕조의 수도 한양을 구경하며 의도치 않게(?) 지금의 서울과 여러모로 비교해 보았다. 자연환경, 사람들, 의식주, 경제 활동, 취미 생활 등등……. 200년 넘는 시간 차이 속에서도 한양과 서울이 묘하게 겹쳐 보이는 건, 비단 같은 장소이기 때문만은 아닐 것이다. 한양에 사는 학당 유생과 지금 우리 청소년들의 처지가 다른 듯 같게 느껴진다면 단지 기분 탓일까?

조선의 수도 한양은 어떤 도시였을까?

우리가 하루를 보낸 한양에 대해서 몇 가지 알아 두어야 할 것이 있다. 그러니까 이 장은 한양 여행에 대한 가벼운 여행 후기쯤으로 여기면 되겠다. 무릇 여행은 준비도 중요하지만, 다녀온 뒤의 깔끔한 정리도 필요한 법이다. 물론 정리는 언제나 따분하기 마련이지만, 우리 여행은 정리하는 데 결코 긴 시간이 필요치 않다. (가끔 낯선 단어가 나온다면 다른 시대에 다녀온 통행세 정도로 여기도록 하자!)

사람들은 직접 가 보지 않은 곳에 대해 선입견을 품는 경우가 많다. 우리가 다녀온 한양도 예외가 아니다. 조선 왕조의 도읍지 '한양'이라고 하면, 도시의 분위기가 왠지 근엄하고 묵직할 것만 같다. 목소리를 높여서 수다라도 떨라 치면 예의에 어긋날 것만 같은 느낌?

텔레비전 사극에 등장하는 한양의 모습도 생기발랄함과는 거리가 있다. 궁궐과 관청이 늘어선 육조 거리는 쥐 죽은 듯 조용하고, 양반 관료들을 포함한 조선 사람들의 모습은 점잖기만 하다.

여기에 로웰이라는 미국인이 1885년에 한양을 삼 개월간 방문했던 기록을 정리해서 펴낸 책에《고요한 아침의 나라, 조선(Choson, the Land of the Morning Calm)》이라는 제목을 붙이면서 국제적인 이미지에 쐐기를 박았다.

이때부터 시작된 고요하고 정적인 조선의 이미지는 우리 시대에도 여전히 남아 있다. 오죽하면 우리나라 국적기인 대한항공에 비치된 기내지 이름마저《모닝캄(조용한 아침)》일까.

물론 여행 준비를 철저히 한 친구들은 한양이 시끌시끌할 것이라고 예상했을 수도 있다. 단편적이긴 하지만, 사극이나 역사 영화에 등장하는 시장이나 주막 풍경을 떠올려 보자. 온갖 사람들이 몰려 시끌벅적하지 않던가? 우리가 방문한 조선 후기의 한양은 그런 곳에 더 가깝다. 돈에 대한 욕망으로 들끓는 장사꾼들이 주름잡는 상업 도시 한양!

앞에서도 말했듯이 한양의 핫 플레이스는 단연코 시장 거리이다. 숭례문과 육조 거리는 난생처음 한양 구경 온 시골 양반이나 가는 관광 입문자(?)들을 위한 장소가 되었다. 진짜 한양 사람들은 시장 거리로 몰려든다. 종로의 시전 거리와 동대문 근처의 배오개 시장, 남대문 근처의 칠패 시장이 한양의 새로운 중심지로 떠오른 것이다. (지금도 서울에 처음 구경 온 친구들이 경복궁과 남산에 있는 N 서울 타워에 꼭 들르는 걸 생각하면 크게 다르지 않은 듯하다. 대신에 서울 사람들은 번화한 강남이나 홍대로 몰려든다. 예나 지금이나 어찌 이렇게 똑같을까!)

정리하자면, 한양은 조선 왕조의 도읍지로서 정치·경제·군사·문화의 중심지 기능에 상공업 도시의 성격이 덧붙여진 복합 도시였다. 오늘날 서울을 떠올려 보자. 어쩌면 조선 후기 한양은 조선 전기의 한양보다 지금의 서울과 비교하는 게 훨씬 더 이해가 쉬울지도 모르겠다.

북적북적, 갖가지 상품이 모이는 한양

18세기 한양은 조선 최대의 유통 중심지로 떠올랐다.

원래도 한양은 조선 최대의 소비 도시였다. 물건을 구입할 능력이 있는 왕족과 양반 관료들이 모여 사는 곳이니까. 그런데 시골에서 5일마다 열리는 장시가 우후죽순 생겨나면서 한양이 유통의 중심지로 급부상했다. 갖가지 상품이 조선 팔도 방방곡곡의 장시를 돌고 돌아, 배와 수레로 운반되어 한양의 시장으로 몰려들게 된 것이다.

인터넷 쇼핑이 없던 조선 시대이기에, 강원도 산촌에서 향이 좋은 나물이 난다 한들, 전라남도 해안에서 곰삭은 새우젓을 만들었다 한들, 서로 교환하기도 힘들거니와 무슨 물건이 나는지 알 도리조차 없다.

그러니 일단 한양과 같은 유통의 중심지에 온갖 상품을 모은 뒤, 필요한 곳으로 적절하게 나누어 보내는 게 오히려 쉽다. 게다가 한양은 조선 최대의 소비처 아닌가?

사실 한양은 처음부터 땅길과 물길의 중심지였다. 한양을 조선의 도읍지로 고려할 때 '사방으로 도로의 거리가 고르고 배와 수레가 잘 통한다.'는 항목으로 후한 점수를 받았을 정도니까.

이렇듯 한양의 지리적 이점은 조선 후기 한양이 상업 도시로 탈바꿈하는 데 큰 영향력을 행사했다. 한양을 중심으로 거미줄처럼 뻗어 있는 전국의 도로망인 '9대로'와 한강과 바다를 잇는 '물길'을 통해 온갖 상품이 모여들어, 일부는 한양에서 소비되고 나머지는 다시 지방으로 보내질 수 있었으니까.

한양이 상업 도시가 된 데에는 복잡한 사회 배경도 깔려 있었다. 그 가운데 하나가 '대동법'의 전국적인 실시이다. 대동법은 농민들이 나라에

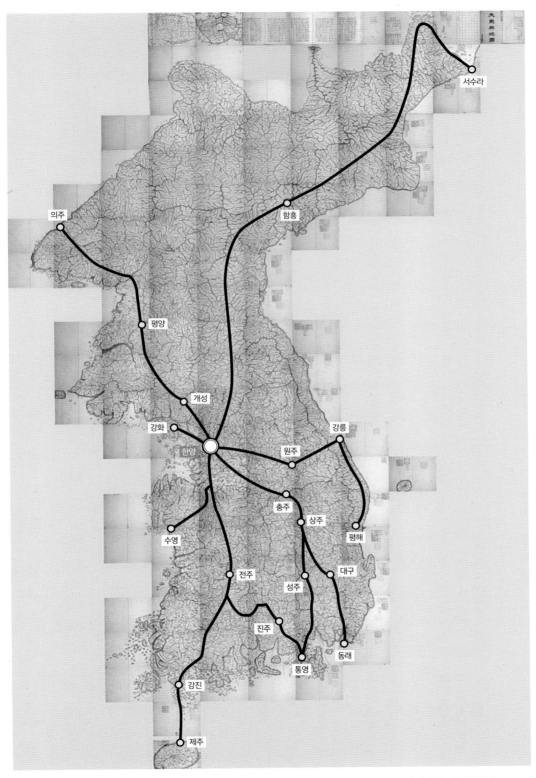

의주

평양

개성

강화

한양

수영

전주

강진

제주

함흥

서수라

강릉

원주

충주

상주

평해

대구

성주

진주

통영

동래

조선 시대의 대표적 육로인 9대로. 중국의 사신이 오가는 한양~의주까지의 길을 연행로 또는 사행로라고 부르며 가장 중요하게 여겼다.

공물을 바칠 때, 그 지방에서만 생산되는 토산물 대신 쌀로만 바치도록 통일한 제도이다.

대동법이 실시되자 농민들의 부담은 한결 줄어든 반면, 공인들이 궁궐과 지방 관청에서 필요한 토산물, 수공업 제품들을 민간에서 사들이면서 상품 경제가 활발해졌다. 17세기 후반, 전라·경상·충청의 삼남 지방에서 대동법이 실시되고, 상평통보를 비롯한 금속 화폐가 전국적으로 유통되면서 상품 경제가 눈부시게 발달한 것이다.

와글와글, 온갖 사람이 모여드는 한양

조선 후기에는 한양 인구가 폭발적으로 증가했다. 조선 전기 한양의 인구는 약 8~10만여 명이었는데, 17세기 중엽 이후 20~30만 명으로 '폭발적'으로 늘어난 것이다. 물론 자연적으로 증가한 게 아니라 다른 지방에서 한양으로 인구가 이동한 결과이다.

왜 사람들이 몰려들었냐고? 상품 화폐 경제의 발달과 더불어 농촌에서 모내기법이 널리 보급되면서 농업 생산력이 높아지고, 이에 따라 빈부 격차가 크게 벌어지게 된다. 부농들이 생겨난 반면, 농지를 잃은 농민들이 생겨난 것. 이렇게 농사지을 땅을 잃고 여기저기 떠돌아다니던 백성들이 날품팔이 일거리를 찾아서 한양으로 몰린 것이다.

이들은 나루터의 지게꾼, 서빙고의 얼음을 채취하는 일꾼, 이런저런 공사장의 일꾼을 하며 하루 벌어 하루 먹고사는 품팔이꾼이 되었다.

한 학자의 연구에 따르면, 한양의 인구 구성도 몰라보게 달라졌다고 한다. 18세기 한양 인구 30만 명 중에서 약 25만 명이 상업이나 수공업에 종사하는 품팔이꾼이었단다. 한양 사람이라고 하면 왕족, 양반 관료가 대부분이고 거기에 관청 서리, 역관이나 의원, 일반 서민들을 가리키던 조선 전기와 비교해 보면 놀랄 만한 변화이다.

부쩍부쩍, 점점 커지는 한양

한성부가 다스리는 곳은 도성 안과 성저십리까지였다. 성저십리란, 한양도성 밖 십 리(약 4킬로미터)에 해당하는 곳이다. 조선 전기 한양은 한눈에 봐도 도성 안은 도시, 도성 밖 성저십리는 농촌으로 뚜렷이 구별되었다. 관례적으로 한양 주민은 도성의 안쪽, 그러니까 '사대문 안'에 사는 사람만을 가리켰다.

그러던 것이 조선 후기에는 도성 밖 성저십리로 한양의 공간이 확장되었다. 한양으로 흘러들어 온 사람들이 주로 성 밖, 특히 마포 같은 서쪽으로 몰리면서 성저십리의 인구수가 급격하게 늘어났기 때문이다.

원래부터 한양의 주택 부족 문제는 심각했다. 사대문 안에는 이미 빽빽하게 인가가 들어서 있었고 집값도 아주 비쌌다. 일부 사람들이 남산의 나무를 베고 무허가 집을 짓기도 했지만 턱없이 모자라긴 마찬가지였다.

그러던 차에 인구가 늘어나자 용산, 마포, 서강을 비롯한 한강변과 숭례문에 이르는 길 양쪽, 그리고 숭례문 성 밖에서부터 서대문 밖에 걸치는 지역에 아예 새로운 촌락이 생겨났다. 성벽 밑으로 닥지닥지 기와집과 초가집이 세워진 것이다.

도성 안에서도 조선 전기에는 북부에 사람들이 몰렸던 데 비해, 조선 후기에는 중남부, 즉 남산과 개천 주변의 인구가 빠르게 늘어났다.

새 록 새 록 , 한 양 에 살 면 특 혜 가 쌓 인 다 !

조선 초기부터 한양 사람은 나라에 내는 세금과 부역에서 자유로웠다. 전쟁이나 반란 같은 유사시에 왕과 왕족을 지켜야 하는 특수 임무를 맡았기 때문이다. 따지고 보면 상당한 특권을 누리며 살았던 셈이다.

게다가 조선 후기에는 특혜가 늘어난다. 무엇보다 한양에는 일거리가 넘쳐났다. 상공업이 발달하면서 일자리 수가 늘어났기 때문이다. 버젓한 점포를 차릴 수는 없어도 난전(허가 없이 길거리에 차린 가게)을 차릴 수 있었고, 개장수·말장수·소장수·거간꾼·염색업자·야장·갖바치 같이 물건을 만들거나 파는 직업으로 먹고살 수 있게 되었다.

심지어 빌어먹고 살려고 해도 한양 개천(지금의 청계천) 다리 밑으로 가야 했다. 조선 시대에 거지는 한양에만 있었기 때문이다!

한양에 사는 게 유리한 건 일반 백성뿐 아니라 양반도 마찬가지였다. 한양 양반 가운데 일부는 '경화세족'으로 불리며 대대로 한양에 뿌리를 내린 조선 최고의 상류층이 되었다.

사실 조선 전기에는 양반이 한양에서 벼슬을 하다가도, 관직을 내놓으면 고향인 시골로 돌아가곤 했다. 하지만 교육 여건이나 과거 응시에서 한양에 사는 게 절대적으로 유리해지자 벼슬자리를 내놓고도 한양에 머물고자 하는 양반이 늘어났다. 이래저래 한양의 인구는 늘어날 수밖에 없었던 셈이다.

실 학 과 서 민 문 화 가 꽃 피 는 한 양

한양의 세련되고 도회적인 분위기 속에서 북학파가 탄생했다. 북학파

한양 도성 서쪽의 인왕산 아래 풍경. 12폭 병풍으로 만든 〈경기감영도〉 중에서 사대문 중 하나였던 돈의문 밖을 묘사한 부분이다. 농촌이라고 할 수 없을 정도로 번화해 보인다. 도성 바깥에도 기와집이 즐비한 것으로 미루어, 도성 안은 어떠했을지 짐작할 수 있다.

는 청나라의 수도 연경을 왕래하면서, 청의 선진 문물을 적극 수용하여 부국강병에 힘쓸 것을 주장한 학파이다. 이들이 주장한 새로운 사상도 한양의 도시 분위기에서 활짝 꽃필 수 있었다. 박지원을 중심으로 한 북학파가 모여 산 곳이 종로 2가, 바로 탑골 공원 근처였다.

또 한양의 여러 관청에서 일하는 아전, 역관, 의관, 시전 상인 같은 중인이 중심이 되어 양반들과 다른 자신들의 '여항 문화'를 내세운 장소도 한양이었다.

한양 사람들의 넉넉한 생활 수준과 도시 특유의 발랄한 분위기에 새로운 사상과 문화가 스며들어 질펀한 유흥과 흥미로운 구경거리가 도시 곳곳에 생겨났다. 우아한 취미 생활도 양반 중인 가리지 않고 유행했다.

말은 외방으로 보내고, 사람은 한양으로 보내라

조선 후기 한양은 조선 전기부터 이어 온 임금과 양반 관료들이 사는 도읍지라는 상징성에다, 경제적인 풍요로움과 세련된 문화의 혜택, 풍부한 일거리, 과거 응시에 유리한 교육 환경이 덧붙여져 누구나 살고 싶은 최고의 땅, 곧 '수선(首善, 모범이 되는 곳, 즉 서울을 가리키는 말)'이 되었다.

이러니 "말은 외방으로 보내고, 사람은 한양으로 보내라."는 말이 나옴직하지 않은가?

조선 시대 한 학자의 글에 우리의 눈길을 끄는 대목이 인용되어 있다. 18세기 후반의 대표적인 실학자인 박제가는 한양을 떠나 공주로 낙향하는 친구를 전송하면서 한양에 살아야 하는 이유를 이렇게 밝혔다.

"아름답구나! 이 얼마나 화려한가! …… 〔중략〕 …… 산수의 장려함과 문명이 한양을 능가하는 곳은 없었네. 한양은 정교가 시행되는 곳이요, 사방에서 사람들이 모여드는 곳이 아닌가? 사신가와 벌열, 인물과 누대, 수레와 선박, 재화의 번성함, 그리고 친척과 벗들, 공부에 필요한 문헌이 모두 이곳에 모여 있네."

위에 인용한 글을 자세히 풀이하면 이렇다. 한양은 산으로 둘러싸여 외적을 막기 쉽고, 도시의 한복판으로 하천이 유유히 흐르는 등 천혜의 자연환경을 지니고 있다. 또 왕조의 도읍지로서 정치와 문화의 중심지이자 온갖 물화와 인재와 지식 정보가 몰리는 곳이다. 그래서 친척과 벗마저도 모두 한양에 모여 있단다.

조선 후기에 한양으로 사람들이 모여드는 이유나, 21세기에 서울로 사람들이 모여드는 이유가 어쩌면 이렇게 놀랄 만큼 똑같을까? 마치 오늘날의 '서울 집중 현상'이 18세기 말 한양에서 시작된 것만 같다.

여태 우리는 조선 왕조의 수도 한양을 구경하며 의도치 않게(?) 지금의 서울과 여러모로 비교해 보았다. 자연환경, 사람들, 의식주, 경제 활동, 취미 생활 등등……. 200년 넘는 시간 차이 속에서도 한양과 서울이 묘하게 겹쳐 보이는 건, 비단 같은 장소이기 때문만은 아닐 것이다. 한양에 사는 학당 유생과 지금 우리 청소년들의 처지가 다른 듯 같게 느껴진다면 단지 기분 탓일까?

짧은 여행을 마치면서 스스로 생각을 정리해 보자. 그것만으로도 우리가 함께한 하루 동안의 여정은 의미 있을 테니까.

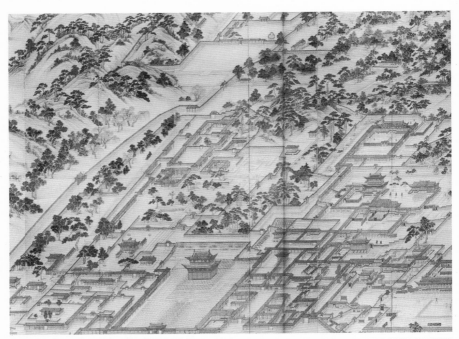

조선 후기 창덕궁과 창경궁의 모습. 주변의 큰 빌딩들만 없으면 지금의 창덕궁과 비교했을 때 크게 달라 보이지 않는다. 아래 사진에서 창덕궁으로 들어가는 정문인 돈화문과 창덕궁의 정전인 인정전을 찾아볼 수 있다.

1740년경 인왕산 동쪽 삼승정에서 한양을 바라보며 그린 겸재 정선의 작품이다. 가운데 소나무로 둘러싸인 장소가 당시 복구하지 못한 경복궁이고, 오른쪽 위로 보이는 산이 남산이다. 아래 사진은 북악산 위에서 바라본 경복궁이다. 경복궁 앞으로 육조 거리(지금의 광화문 광장)가 뚜렷하게 보인다. 조선 시대나 지금이나 크게 변화가 없어 보이는 건 남산 정도가 아닐까?

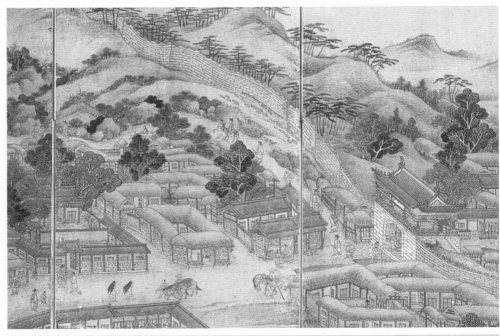

한양 도성 서쪽의 돈의문 주변 풍경. 돈의문에 이어진 성곽이 뚜렷하게 보인다. 현재 돈의문은 터만 남았지만, 한양 도성은 지금도 찾아볼 수 있다. 아래 사진은 돈의문~인왕산 구간의 한양 도성 중 일부이다.

한양의 권문세가들이 살던 인왕산 기슭을 묘사한 그림. 인왕산 주변은 시인이나 화가들이 즐겨 찾던 명승지로, 정선 역시 〈청풍계〉라는 그림을 남겼다. 오른쪽 사진은 인왕산 수성동 계곡과 치마바위의 현재 모습이다.

🜊 참고 문헌 🜊

[자료]

· 《국역 경성부사 1, 2》, 서울특별시 시사편찬위원회, 2012.
· 《성시전도》, 향토서울 74호(2009년 10월)
· 《소학》
· 《신증동국여지승람》
· 《이향견문록》
· 《조선세시기》, 동문선, 1991.
· 《조선왕조실록》
· 《춘향전》
· 《농가월령가 한양가》, 한국고전문학 9, 보성문화사, 1978.
· 《흥부전》

[도록]

· 《간송문화》, 한국민족미술연구소, 2012.
· 《광화문 연가, 시계를 되돌리다》, 서울역사박물관, 2009.
· 《도성대지도》, 서울역사박물관 편, 2004.
· 《로제티의 서울》, 서울역사박물관, 2012.
· 《반갑다! 우리 민화》, 서울역사박물관, 2005.
· 《사진으로 본 조선 시대 민족의 사진첩 1~4》, 서문당, 1994.
· 《서울, 도성을 품다》, 서울역사박물관, 2012.
· 《서울역사박물관》, 서울역사박물관, 2002.
· 《아스팔트 아래 운종가》, 서울역사박물관, 2012.
· 《조선 시대 궁중 행사도》, 국립중앙박물관, 2010.
· 《조선 시대 초상화》, 국립중앙박물관, 2008.
· 《조선 후기 지방지도》, 규장각, 1996.
· 《조선 시대 풍속화》, 국립중앙박물관, 2002.
· 《한국의 고지도》, 범우사, 1991.

[단행본]

· 강명관, 《그림으로 읽는 조선 여성의 역사》, 휴머니스트, 2012.
· 강명관, 《조선의 뒷골목 풍경》, 푸른역사, 2003.
· 강명관, 《조선 풍속사 1, 2, 3》, 푸른역사, 2010.
· 강명관, 《한양가》, 신구문화사, 2008.
· 강신항, 이종묵, 권오영 등저, 《이재난고로 보는 조선 지식인의 생활사》, 한국학중앙연구원, 2008.
· 고동환, 《조선 시대 서울 도시사》, 태학사, 2007.
· 고동환, 《조선 시대 시전 상업 연구》, 지식산업사, 2013.
· 국사편찬위원회, 《옷차림과 치장의 변천》, 두산동아, 2006.

· 규장학한국학연구원 편, 《일기로 본 조선》, 글항아리, 2013.
· 규장각한국한연구원 편, 《조선 양반의 일생》, 글항아리, 2009.
· 권내현, 심재우, 염정섭, 정재훈, 《미래를 여는 한국의 역사 3》, 웅진지식하우스, 2011.
· 김동욱, 유홍준 등저, 《창덕궁 깊이 읽기》, 글항아리, 2012.
· 김정호, 《우리 옷 역사 2000년》, 한남대학교출판부, 2012.
· 단국대석주선기념박물관 편, 《조선 시대 우리 옷의 멋과 유행》, 단국대학교출판부, 2006.
· 문숙자, 《68년의 나날들 조선의 일상사 : 무관 노상추의 일기와 조선 후기의 삶》, 너머북스, 2009.
· 박무영, 김경미, 조혜란, 《조선의 여성들, 부자유한 시대에 너무나 비범했던》, 돌베개, 2005.
· 박정애, 《아름다운 옛 서울》, 보림, 2006.
· 비변사 편, 조영준 역해, 《시폐 : 조선 후기 서울 상인의 소통과 변통》, 아카넷, 2013.
· 서울문화사학회, 《조선 시대 서울 사람들 1, 2》, 어진이, 2003.
· 서울특별시시사편찬위원회, 《서울의 성곽》, 2004.
· 서울특별시시사편찬위원회, 《서울의 길》, 2009.
· 서울특별시시사편찬위원회, 《서울의 고개》, 1998.
· 서울특별시시사편찬위원회, 《서울의 산》, 1997.
· 서울특별시시사편찬위원회, 《서울의 하천》, 2000.
· 서울특별시시사편찬위원회, 《서울의 시장》, 2007.
· 서울특별시시사편찬위원회, 《서울 토박이의 사대문 안 기억》, 2010.
· 서유구 저, 안대회 편역, 《산수간에 집을 짓고》, 돌베개, 2005.
· 심노승 지음, 안대회, 김보성 등역, 《자저실기》, 휴머니스트, 2014.
· 신병주, 《조선평전》, 글항아리, 2011.
· 신병주, 《조선 후기를 움직인 사건들》, 새문사, 2013.
· 아손 그랩스트, 《스웨덴 기자 아손, 100년 전 한국을 걷다》, 책과함께, 2005.
· 안길정, 《관아를 통해 본 조선 시대 생활사 상, 하》, 사계절, 2000.
· 알베르토 안젤라, 《고대 로마인의 24시간》, 까치, 2012.
· 오주석, 《옛 그림 읽기의 즐거움》, 솔, 1999.
· 오주석, 《오주석의 한국의 미 특강》, 솔, 2003.
· 유홍준, 《화인열전 1, 2》, 역사비평사, 2001.
· 윤기 저, 방동민 역, 《성균관 유생들의 생활상》, 우삼, 2010.
· 이능화, 《조선 여속고》, 동문선, 1990.
· 이옥 저, 심경호 역, 《선생, 세상의 그물을 조심하시오》, 태학사, 2001.
· 이우성 등저, 《이조한문단편집 상, 중, 하》, 일조각, 1978.
· 이종묵 편역, 《누워서 노니는 산수》, 태학사, 2002.
· 이현군, 《옛 지도를 들고 서울을 걷다》, 청어람미디어, 2009.
· 이현군, 《서울 성 밖을 나서다》, 청어람미디어, 2011.
· 정연식, 《일상으로 본 조선 시대 이야기 1, 2》, 청년사, 2007.
· 정창권, 《홀로 벼슬하며 그대를 생각하노라》, 사계절, 2003.
· 조수삼 저, 허경진 역, 《18세기 조선의 기인 열전 : 추재기이》, 서해문집, 2008.
· 진재교 편역, 《알아주지 않은 삶》, 태학사, 2005.
· 최정훈, 오주환, 《조선 시대 역사문화여행》, 북허브, 2013.
· 최종현, 김창희, 《오래된 서울》, 동하, 2013.
· 하영휘, 《양반의 사생활》, 푸른역사, 2008.
· 한국고전번역원 승정원일기번역팀, 《후설 : 승정원일기 역사의 현장을 기록하다》, 한국고전번역원, 2013.
· 한국생활사박물관편찬위원회, 《한국생활사박물관 10》, 사계절, 2004.

· 한국역사연구회,《조선 시대 사람들은 어떻게 살았을까 1, 2》, 청년사, 2005.
· 허인욱,《옛 그림 속 양반의 한평생》, 돌베개, 2010.
· 허경진,《사대부 소대헌 호연재 부부의 한평생》, 푸른역사, 2003.
· 홍경모 저, 이종묵 역,《사의당지 우리 집을 말한다》, 휴머니스트, 2009.
· 황의숙, 윤양노, 조선희, 이민주,《아름다운 한국 복식》, 수학사 2010.

[논문]
· 강명관,〈조선의 인물, 조선의 책 서유구와 '임원경제지' 상〉,《주간동아》 579호, 2007.
· 강명관,〈조선의 인물, 조선의 책 서유구와 '임원경제지' 하〉,《주간동아》 581호, 2007.
· 강명관,〈조선 후기 서울과 한시의 변화〉,《민족문화사연구》 6, 1994.
· 강혜선,〈조선 후기 사족 여성의 경제 활동과 문학적 형상화 양상〉,《한국고전여성문학연구》 24, 2012.
· 고동환,〈조선 시대 한양의 수도성 - 도시의 위계와 공간 표현을 중심으로〉,《역사학보》 209집, 2011.
· 김경미,〈서울의 유교적 공간 해체와 섹슈얼리티의 공간화〉,《고전문학연구》 35집, 2009.
· 김경미,〈풍속화에 나타난 한국의 놀이〉,《언어와 문화》 제5권 제2호, 2009.
· 김명순,〈기속시의 성격과 조선 후기의 양상〉,《동방한문학》 33집, 2007.
· 김인규,〈조선 후기 신분제 개혁론의 새로운 지평 : 신분주의에서 직분주의로의 패러다임의 전환〉,《동양고전연구》 30집, 2008.
· 김지연,〈옥계시사의 시화첩과《수갑계첩》에 나타난 여항 모임의 서로 다른 이미지〉,《미술사연구》 265, 2010.
· 김하라,〈조선 여성의 이름에 대한 한 고찰 - 유만주의 여성 인식과 관련하여〉,《한국고전여성문학연구》 27, 2013.
· 김호,〈18세기 후반 거경 사족의 위생과 의료, 흠영을 중심으로〉,《서울학연구》 11, 1998.
· 박현순,〈조선 후기 문과에 나타난 경향간의 불균형 문제 검토〉,《한국문화》 제58집, 2012.
· 박철상,〈경화세족과 심상규의 가성각〉,《국회도서정보》 제45권 제9호 통권 제352호, 2008.
· 손태도,〈조선 후기 서울에서의 광대 문화 변동과 판소리〉,《고전문학연구》 35, 2009.
· 안대회,〈성시전도시와 18세기 서울의 풍경〉,《고전문학연구》 제35, 2009.
· 안대회,〈18, 19세기의 주거 문화와 상상의 정원〉,《진단학보》 97호, 2004.
· 양보경,〈1830년대 서울의 지지《한경지략》〉,《토지연구》 4. 1993.
· 유승희,〈조선 초기 한성부의 화재 발생과 금화도감의 운영〉,《국내학술기사서울학연구》 제19호, 2002.
· 유승희,〈17~18세기 도성 밖 치안책의 확립과 한성부민의 역할〉,《향토》 43호, 1985.
· 유승희,〈17~18세기 야금제의 운영과 범야자의 실태 : 한성부를 중심으로〉,《역사와 경계》 87, 2013.
· 유승희,〈17~18세기 한성부 화재 실태와 도시 재해 시스템의 운영〉,《인문연구》 67호
· 윤진영,〈옛 그림을 통해 본 아동 복식〉,《전통의생활연구》 제3집 2009.
· 이근호,〈17세기 전반 경화사족의 인적 관계망 :《세구록》의 분석을 중심으로〉,《서울학연구》 제38호, 2010.
· 이민주,〈노출과 은폐의 문화사 : 조선 후기 '하후상박'형의 여성 복식을 중심으로〉,《역사민속학》 제31호, 2009.
· 이종묵,〈자연의 경을 담은 자연경실과 서유구〉,《문헌과 해석》 통권34호, 2006.
· 이종묵,〈조선 후기 경화세족의 주거 문화와 사의당〉,《한문학보》 제19집, 2008.
· 이해준,〈《이재난고》로 보는 조선 지식인의 생활사 :〈이재난고로 보는 조선 지식인의 생활사〉, 강신항 외저〈서평〉〉,《정신문화연구》 제31권 제2호 통권111호, 2008.
· 이현일,〈조선 후기 경화세족의 이상적 여성상 - 신위의 경우를 중심으로〉,《한국고전문학여성연구》 제18집, 2009.
· 정연식,〈조선 시대의 끼니〉,《한국사연구》 112, 2001.
· 정연식,〈조선 시대의 도로에 관하여〉,《한국사론》 42, 1999.
· 정연식,〈조선 시대의 시간과 일상생활〉,《역사와 현실》 37, 2000.
· 정연식,〈조선조의 탈것에 관한 규제〉,《역사와 현실》 27, 1998.
· 정인숙,〈조선 후기 도시의 발달과 여성의 소비 문화에 대한 담론의 성격〉,《한국고전문학여성연구》 24, 2012.

· 조계영, 《《내각선사일록》으로 규장각 들여다보기〉, 국립중앙박물관, 2013.
· 조성윤, 〈조선 후기 서울의 주민 구성과 성곽의 의미〉, 《향토서울》 83호, 2013.
· 조창록, 〈풍석 서유구의 삶과 행적〉, 《문헌과 해석》 34, 2006.
· 진재교, 〈이조 후기 문예의 교섭과 공간의 재발견〉, 《한문교육연구》 제21호, 2003.
· 차인배, 〈조선 후기 포도청 치안 활동의 특성 연구〉, 《사학연구》 100호
· 한민섭, 〈조선 후기 가학의 한 국면 – 서명응 일가의 문학을 중심으로〉, 《한국실학연구》 14, 2007.
· 홍나영, 〈조선 후기 복식과 임원경제지〉, 《진단학보》 제108호, 2009.

[학위 논문]
· 김미란, 〈경화세족 정원 조영 특성에 관한 연구〉, 경원대학교 산업환경대학원 석사논문, 2008.
· 김보영, 〈18세기 성균관 유생의 생활과 활동 : 《반중잡영》과 《태학지》를 중심으로〉, 숙명여자대학교 교육대학원,
  2008.
· 김은실, 〈풍속화에 나타난 조선 후기 여인의 두발양식연구〉, 서경대학교 미용예술대학원 석사논문, 2008.
· 김하라, 〈유만주의 흠영 연구〉, 서울대학교 박사논문, 2011.
· 안종숙, 〈조선 후기 풍속화에 나타난 미용 문화의 특성〉, 건국대학교 박사논문, 2007.
· 이정민, 〈조선 시대의 소학 이해 연구〉, 서울대학교 국사학과 박사논문, 2013.

[비디오 자료]
· 오주석, 〈우리그림 읽기〉

도판 목록

· 219쪽 〈대동여지도〉, 김정호, 국립중앙박물관
· 226쪽 〈동궐도〉, 작가 미상, 고려대학교박물관
· 227쪽 〈삼승조망도〉, 정선, 개인 소장
· 229쪽 〈청풍계〉, 정선, 고려대학교박물관

[사진 자료 사용에 협조해 주신 곳]
· 간송미술관 : 미인도(45), 압구정(163), 주사거배(169), 유곽쟁웅(178), 월하정인(189)
· 고려대학교박물관 : 목멱산도(14), 선묘조제재경수연도(59), 동궐도(98), 청풍계(229)
· 국립민속박물관 : 사모(31), 당혜(40), 술병(168)
· 국립중앙박물관 : 창의문(17), 파안흥취(19), 도성도(22), 백동은입사담배함(26), 철제은입사담배함(26), 상아제 홀(31), 이성원 초상(31), 쌍호흉배(31), 무관 관복(31), 목화(31), 도산서원도(36), 교궁입법(37), 치사(43), 성협풍속화첩(53), 상아 호패(64), 호패(64), 윤병사노비매입문서(65), 판서행차(70), 정승행차(70), 소과응시(92), 백패(92), 홍패(92), 삼일유가(94), 호조낭관계회도(103), 규장각도(108), 무신친정계첩(111), 백운동도(123), 누숙경직도(126), 길쌈(137), 대장간(137), 자리짜기(137), 씨름(139), 전모를 쓴 여인(139), 주막(143), 약장(145), 대쾌도(153), 저잣길(156), 독 나르기(156), 행상(156), 나들이(156), 장터길(157), 보부상에게 내린 증명서(164), 정조신한(185), 산수도(192), 난초와 국화(192), 산수도(193), 선면산수도(193), 백자청화산수문호(193), 숙영낭자전(198), 화성성역의궤(203), 아기 업은 여인(206), 백악춘효도(210), 대동여지도(219), 나전칠기 문갑(표지), 나전칠기 상자(표지), 나전칠기 함(표지), 별전(표지), 사방탁자(표지), 열쇄패(표지)
· 서울대학교 규장각 한국학연구원 : 영조국장도감도청의궤(72), 도성도(118), 경강부임진도(160), 동국팔도대총도(214)
· 서울대학교박물관 : 책 읽는 여인(198)
· 서울역사박물관 : 담뱃대(26), 안경테와 안경집(27), 도성대지도(69), 태학계첩(89), 초계문신과시방(108), 한양도(133), 운종가 복원 모형 사진(134), 도량형(134)
· 숭실대학교 한국기독교박물관 : 자명종(27)

[사진을 제공해 주신 곳]
뉴스뱅크, 연합뉴스, GNC미디어, Wikimedia Commom

조선에서 보낸 **하루**

첫판 1쇄 펴낸날 2015년 11월 23일
10쇄 펴낸날 2020년 6월 27일

지은이 김향금
펴낸이 박창희
편집 김수진 이민주 **디자인** 전윤정 권은숙
마케팅 이혜인 **회계** 양여진

펴낸곳 (주)라임
출판등록 2013년 8월 8일 제406-2013-000091호
주소 경기도 파주시 회동길 57-9, 우편번호 10881
전화 031) 955-1820, 1821 **팩스** 031) 955-1825
이메일 lime@limebook.co.kr **인스타그램** @lime_pub

ⓒ 김향금, 2015
ISBN 979-11-85871-30-1 44910
       979-11-951893-8-0 (세트)

*잘못된 책은 구입하신 서점에서 바꾸어 드립니다.
*본서의 반품 기한은 2025년 6월 30일까지입니다.

이 도서의 국립중앙도서관 출판예정도서목록(CIP)은 서지정보유통지원시스템 홈페이지(http://seoji.nl.go.kr)와
국가자료공동목록시스템(http://www.nl.go.kr/kolisnet)에서 이용하실 수 있습니다.(CIP제어번호 : CIP2015030655)